홍정선   인하대학교 한국어문학과 교수

김우창   고려대학교 명예교수

이남호   고려대학교 국어교육과 교수

유종호   전 연세대학교 석좌교수

KB108578

고전 강연 8

한국 현대 문화

문화의 안과 밖

고전 강연

홍정선
김우창
이남호
유종호

8
한국
현대 문화

민음사

머리말

『고전 강연』은 네이버 문화재단이 지원하는 '문화의 안과 밖' 강연의 두 번째 시리즈 '오늘을 성찰하는 고전 읽기'를 책으로 엮은 것이다. '문화의 안과 밖'은 오늘날 학문의 여러 분야에서 문제가 될 만한 주제들을 다루면서, 학문의 현재 위상에 대한 일단의 성찰을 시도하고 그 기초의 재확립에 기여할 것을 목표로 한 기획이었다.

지금까지 우리 학문의 기본자세를 결정한 것은 긴급한 시대의 부름이었다. 이는 정당한 것이면서도, 전통적으로 학문의 사명으로 정의되어 왔던 진리 탐구의 의무를 뒷전으로 밀리게 하는 일이기도 했다. 그리하여 새삼스럽게 상기할 필요가 있는 것은 진리에 대한 추구가 문화의 핵심에 자리할 때 건전한 사회가 유지될 수 있다는 사실이다. 그리고 그에 비추어서만 현실 문제에 대한 진정한 해답도 찾을 수 있다.

'문화의 안과 밖'은 학문적 기준을 지키면서도 일반 청중에 열려 있는 강연 시리즈다. 일반 청중과의 대화는 학문 자체를 위해서도 중요한 의미를 지닌다. 그것은 특별한 문제에 집중하여 전문적으로 연구하는 학문을 보다 넓은 관점에서 되돌아보게 한다. 사회적 열림은 자연스럽게 학문이 문화 일반과 맺는 관련을 생각하게 한다. 그리고 그에 요구되는 다면적 검토는 학문 상호 간의 대화를 자극할 것이다.

그리하여 넓어지는 학문적 성찰은 당면하는 문제의 궁극적인 배경으로서 보편성의 지평을 상정할 수 있게 한다. 가장 넓은 의미에서의 건전한 사회의 바탕은 여기에 이어져야 마땅하다고 할 수 있다.

그러나 너무 넓은 관점에서 시도되는 성찰은 지나치게 일반적이고 추상적인 것이 되어 학문적 사고가 태어나는 구체적 정황을 망각하게 할 수 있다. 현실에 대한 개념적 이해는 학문이 추구하는 목표의 하나다. 이에 못지않게 중요한 것은 그러한 개념과 이해가 생성되는 이해의 동역학이다. 이것을 생각하게 하는 계기의 하나는 고전 텍스트의 주의 깊은 독서일 것이다. 그러나 고전이 된 텍스트는 새로이 해석되어야 비로소 살아 움직이는 현실로서 이해될 수 있다. 해석은 텍스트에 충실하면서 그것이 오늘의 삶에 지니는 의미를 생각해 보는 작업이다. 또 고전이 동시대에 지녔던 자리와 의미를 알아보는 일도 필요하다. 이러한 동시대적 의미를 밝힘으로써 고전은 삶의 핵심적 사건으로서 구체성을 얻게 되고, 오늘의 삶의 조명에 도움을 줄 수 있다.

물론 고전을 읽는 데에 한 가지 고정된 접근 방법이 있는 것은 아니다. 선택된 고전을 어떻게 읽느냐 하는 것은 고전의 독특한 성격에 따라, 또 강연자의 관심에 따라 다를 수밖에 없다. 접근 방법을 고정하는 것은 고전을 통하여 사회의 정신을 넓히고 깊게 하는 것이 아니라 그것을 좁히고 옅게 하는 일이 될 것이다.

이번 고전 강연 시리즈에서 다루는 텍스트는 50여 권에 한정된다. 이를 선택하는 것은 극히 어려운 일이었다. 우리는 강연에서 다루는 고전들이 다른 고전 텍스트로 나아가는 길을 열기를 희망한다. 시리즈의 처음, 1권에 자리한 여러 고전 전통에 대한 글은 보다 넓은 고전들의 세계로 나가는 길잡이로서 계획된 것이다. 고전 읽기가 우리 문화의 안과 밖을 넓히고 깊이 있게 하는 데 도움이 되기를 바란다.

문화의 안과 밖 자문위원회

머리말 5

47 시대에 대한 통찰과 내면세계의 확장
: 염상섭의 「만세전」과 『삼대』 읽기   홍정선 11

48 떠돌이의 귀향
: 미당 서정주의 시 읽기   김우창 41

49 단편 소설의 현재성
: 김동인, 김유정, 김동리, 이태준의 단편 소설 읽기   이남호 173

50 귓가에 선연한 시, 정련된 언어로 빚은 시
: 김소월과 정지용의 시 읽기   유종호 199

주 245
고전 강연 전체 목록 248

47

시대에 대한 통찰과
내면세계의 확장

염상섭의「만세전」과『삼대』읽기

홍정선 (인하대학교 한국어문학과 교수)

염상섭(廉想涉, 1897~1963)

1897년 서울에서 태어났다. 일본 게이오 대학 문학부 재학 중 오사카에서 만세운동을 주도하여 체포, 투옥되었다가 1920년 귀국해 《동아일보》 기자로 일하며 동인지 《폐허》를 창간했다. 1921년 《개벽》에 「표본실의 청개구리」를 발표한 이래 1963년 작고할 때까지 장편 20여 편, 단편 150편, 평론 100여 편, 수필 등 잡문 200여 편의 글을 남겼다.

초기의 자연주의적 경향에서 점차 사실주의적 경향이 뚜렷한 작품들을 발표했으며, 식민지 현실을 투철하게 인식하는 동시에 개인의 내면을 조명하여 한국 문학사에서 근대 소설의 새로운 장을 열었다. 작품에 「표본실의 청개구리」, 「만세전」, 「임종」, 「두 파산」 등의 중단편과 『삼대』, 『취우』 등의 장편이 있다.

1 「만세전」에서 『삼대』에 이르는 도정

염상섭의 「만세전」과 『삼대』는 별개의 작품이면서도 별개의 작품이 아니다. 「만세전」이 「묘지」란 이름으로 《신생활》에 처음 발표된 것은 1922년 7월이고, 『삼대』가 《조선일보》에 연재되기 시작한 것은 1931년 1월이니 두 작품 사이에는 8년 6개월이라는 시간적 거리가 있다. 그렇지만 이 시간적 거리가 두 작품이 서로 이질적인 작품이라는 뜻은 아니다. 이 기간 동안에 염상섭은 결과적으로 『삼대』의 예행연습이 된 소설을 무수히 썼다. 장편 소설만 해도 무려 일곱 편이나 썼다. 이 기간 동안에 염상섭은 상당 부분 삭제당한 채로 발표해야 했던, 《신생활》 폐간으로 말미암아 미완의 상태로 남겨 두었던 「묘지」를 개작하여 「만세전」으로 완성하는 한편, 이 작품과 긴밀한 연속성을 지닌 『너희들은 무엇을 얻었느냐』, 『진주는 주었으나』, 『사랑과 죄』, 『광분』, 『이심』 등의 장편 소설을 정력적으로 썼다. 그러면서 「만세전」에 가볍게 등장했던 등장인물을 다시 끄집어내 발전시키고, 스쳐 지나간 연애 문제를 본격적으로 다루고, 암울한 당대 풍경을 여러 가지 각도에서 고찰하고, '주의자'의 이념과 생활 문제를 심화된 방식으로 그려 보이고 있다. 이런 점에서 「만세전」에서 『삼대』에 이르는 소설적 도정은 단선적인 도정이 아니라 이 시기 그의 모든 소설이 그물망처럼 얽혀 있는 도정이라고 할 수 있다.

물론 「만세전」에서 『삼대』에 이르는 소설적 도정이 일방적인 발선의 과정이거나 반드시 성공적인 형상화의 과정만은 아니다. 「만세전」과 『삼대』 사이에 위치한 대부분의 소설이 「만세전」보다 우수하

13 시대에 대한 통찰과 내면세계의 확장

지 않다는 사실이 이 점을 말해 준다. 그렇기 때문에 우리가 이 소설적 도정에서 눈여겨보아야 할 것은 시간적 발전의 관계가 아니라 공간적 확산의 관계이다. 염상섭이 이 시기 소설에서 집중적으로 관심을 가졌던 두 가지 주제는 우리 민족을 옥죄고 있는 식민지 현실이라는 문제와 그런 현실일수록 더욱 인간들을 사로잡고 타락시키는 돈과 애욕의 문제였다. 염상섭은 『삼대』에서 이것들을 통합시켜 뛰어난 소설로 만들었는데, 이 관계를 주의 깊게 살펴볼 때 좀 더 큰 소득을 얻을 수 있다. 이런 점에서 「만세전」으로부터 『삼대』에 이르는 도정을 살필 때는 시대에 대한 통찰과 등장인물들의 내면세계에 관심을 가져야 하며, 그것들이 이후에 돈과 애욕의 문제와 결합하면서 다양한 방식으로 확대되고 변주되는 방식에, 그리고 그것들이 마침내 『삼대』라는 뛰어난 소설로 귀결되는 사실에 주목해야 하는 것이다. 주지하다시피 염상섭의 대표작으로 알려진 작품은 「표본실의 청개구리」, 「만세전」, 『삼대』이며, 이 대표적인 소설들은 모두 시대에 대한 날카로운 통찰과 등장인물의 내면세계에 대한 심화된 서술이란 특징을 가지고 있다. 우리 소설사에서 이 작품들처럼 식민지 시대의 모습을 '객관적'으로 형상화하면서 동시에 인물의 내면세계를 확대시킨 작품은 찾기가 쉽지 않다. 또 『삼대』처럼 돈과 애욕이, 그중에서 특히 돈이 인간을 움직이는 근본적인 힘이라는 사실을 의미 있게 천착해 보여 준 작품은 거의 찾아볼 수 없다. 이 같은 점에서 염상섭의 「만세전」과 『삼대』는 기념비적이라 할 수 있는 것이다.

2 시대에 대한 기록으로서의 소설

염상섭의 「만세전」과 『삼대』는 식민지 시대에 대한 '객관적 기록'이다. 식민지 시대에 출간된 다른 어떤 소설보다도 단연 뛰어난 '객관적 기록'이다. 염상섭은 이 두 편의 소설에서 식민지 시대의 우리나라 모습을 압축적으로 재현했다. 특정한 당파적 입장에 서서가 아니라 비교적 편견 없이 당대의 한국 사회를 그려 놓았다. 이러한 주장에 대해 이를테면 비슷한 시기에 활동한 최서해나 이기영의 경우를 들어 불만을 토로하는 사람들이 있을 수 있다. 물론 최서해의 소설에도 당시의 프로 문학 비평가들이 '자연 발생적'이란 말을 사용한 사실이 말해 주듯 당대의 빈곤 상에 대한 '객관적 기록'이라 할 수 있는 측면이 있다. 그렇지만 최서해의 소설이 그려 내는 당대 한국 사회의 모습은 염상섭에 비해 묘사의 폭이 훨씬 제한적일 뿐만 아니라 과장된 단순성에 함몰되어 있다는 한계가 있다. 극단적 가난에 시달리는 사람들을 소재로 삼으면서 소설의 결말이 살인이나 방화와 같은 과격한 행위로 도식화되어 있는 모습이 그 사실을 말해 준다. 그리고 이기영의 경우는 주지하다시피 이념형 인물을 그려야 한다는 강박 관념이 그의 소설을 '객관적 기록'과 멀어지게 만든다. 이기영은 프롤레타리아 계급의 궁극적 승리라는 시각에 서서 당위로서의 인물, 이념이 요구하는 인물을 등장시켰기 때문에 이 글에서 사용하는 '객관적'이란 말과는 거리가 있다. 이기영의 대표작인 『고향』 속의 주인공 희준과 그를 따르는 농민들은 프로 문학 소설의 주요 인물들이 대체로 그렇듯이 지나치게 강인한 의지로 미래를 향해 전진하고 있는 이념

15

형 인물들이어서 현실 속의 일상적 인간들과는 다르게 보인다. 마치 이광수 소설의 인물들이 지나친 이상주의에 사로잡혀 있어서 실제적인 인물과는 달리 보이는 것처럼 말이다. 리얼리즘을 외치면서도 영웅적이거나 비현실적으로 느껴지는 인물을 만들어 놓고 있는 것이다.

뤼시앵 골드만은 『소설 사회학을 위하여』에서 이런 요지의 이야기를 한 적이 있다. 우리가 중요하게 생각하는 작품치고 순전히 개인적인 경험의 표현이라고 할 수 있는 작품은 없다. 소설이란 장르는 개념화되지 않은 감정적 불만과 질적인 가치를 추구하려는 감정적 욕구가 사회의 모든 계층에 누적되어 있거나 소설가가 속한 중간 계층에서만이라도 상당량이 누적되어 있을 경우에만 발견될 수 있다.[1] 이는 발생론적 차원에서 소설(Novel)이란 장르의 출현을 설명하는 맥락이기는 하지만 염상섭의 소설이 당대 사회에 팽배해 있던 불만에 소설적 표현이란 형식을 부여함으로써 중요한 소설이 되었다는 사실과 그 소설적 표현의 형식이 현실의 모습을 '객관적'으로 드러내 보여 주는 방식이었다는 사실을 이해할 수 있게 해 준다. 이 점과 관련하여 염상섭 자신이 소설가가 된 이유를 어떻게 이야기하는지 잠시 보자.

(……) 기성 문단이란 것이 없는 처녀지이었고, 정치 사회와 같은 각축과 견제가 없느니만치 작가로 나오기가 쉬웠기도 하였겠지마는 정치·경제·산업·사회·문화 등 모든 분야에 있어 활동의 여지도 없고 사방이 막혔으니 재분이니 역량이니 생활 방도이니 하는 고려 여부없이 이 길로 용이히 도피하여 버리거나 일제 밑에 억압된 생활력의 한 배설구로 문학에 몰리는 경향도 없지 않았으니, 자기도 그 사품에 한몫 본 것이었다.[2]

(······) 아직 중학 2·3년의 어린 생각에 한편으로는 민족의 운명·조국의 광복은 물론이요, 개인적으로 정치적 관심이란다든지, 장래에 입신할 방도와 생계를 생각지 않을 수 없으니, 다른 실학을 선택하려는 교계(較計)가 없지는 않았고, 또 처음으로 근대 문명에 놀란 눈은, 한국 사람의 살길은 첫째가 과학의 연구와 기술의 습득에 있다고 주장하면서, 동양류의 개결(介潔)하겠다는 일면을 택하여서인지, 즉 문학을 하면야 일본 놈과 아랑곳이 무어랴 하는 생각으로, 제 딴에는 초연·염연한 생각으로 다소의 촉망(囑望)을 가지고 주위에서 말리는 것도 물리치고, 급기야는 문학에 끌리고 만 것이다. 그러기 때문에 문학을 하면서도 여기에만 전심하고 정진하지 못한 것은 그때나 이때나 한가지인 것이다.[3]

위에 인용한 두 글은 염상섭이 1950년대 초반에 자신이 문학을 하게 된 경위를 회상하며 쓴 글이다. 먼저 첫 번째 인용문에서는 자신이 소설가가 된 것은 자발적 선택이 아니라 당시의 대세를 마지못해 따라간 것이라는 투로 "모든 분야에 있어 활동의 여지도 없고 사방이 막혔으니" 그럴 수밖에 없었고, "일제 밑에 억압된 생활력의 한 배설구로 몰리는 경향"이 있어서 그렇게 따라갔다는 식으로 이야기하고 있다. 그런데 두 번째 글에서는 "문학을 하면야 일본 놈과 아랑곳이 무어랴 하는 생각으로, 제 딴에는 초연·염연한 생각으로 다소의 촉망(囑望)을 가지고 주위에서 말리는 것도 물리치고, 급기야는 문학에 끌리고 만 것이다."라고 말하고 있다. 소설가가 된 것은 자발적 선택이었다는 이야기를 하는 것이다. 그렇지만 이 두 가지 이야기는 상반된 것이 아니다. 선택은 자발적으로 이루어졌지만 그 이면에는 "문학을

시대에 대한 통찰과 내면세계의 확장

하면야 일본놈과 아랑곳이 무어랴 하는 생각"이 들어 있기 때문이다. 그래서 염상섭은 같은 글의 앞부분에 "당시의 우리나라 사정이 청소 년으로 하여금 소위 청운의 지(志)를 펼 만한 야심과 희망을 갖게 할 여지가 있었더라면 아마 10 중 8, 9는 문학으로 달려들지 않고, 이것 은 한 취미로, 여기로 여겼을지 모른다."[4]라는 말을 덧붙여 놓았다. 또 뒷부분에 "그러기 때문에 문학을 하면서도 여기에만 전심하고 정진 하지 못한 것은 그때나 이때나 한가지인 것이다."란 말도 덧붙여 놓았 다. 자신이 소설가가 된 것은 비록 자발적 선택이긴 하지만 자신이 살 았던 시대가 다른 선택을 할 수 없게 만들었기 때문이라는 이야기를 하고 있는 셈이다. 염상섭이 「만세전」을 발표하기 직전의 시기,《동아 일보》기자로 갓 입사했던 시기에 다음과 같은 글을 썼다는 사실에도 주목할 필요가 있다.

일체의 긍정이 아니면 일체의 부정, 이 이외에 어떠한 다른 입각지를 예상 하는 것은 사람의 견딜 수 없는 고통이며 자기가 자기 스스로에게도 용허 할 수 없는 자기 학대요 또 큰 범죄이올시다. 서로 모순되는 자기 분열, 참 담한 내적 고투, 이 모든 비극은 여기서 발효하는 것일까 합니다.[5]

염상섭은 소설가로 첫 발걸음 떼기 시작하려던 시기의 우리 현실 을 '일체의 긍정이 아니면 일체의 부정'이란 길밖에 선택할 수 없는 시대라고 이야기하고 있다. 분명히 흑백 논리로 판단하지 않아도 될 다른 선택의 길이 있어야 하는데 그런 선택이 보이지 않는 시대라고 말이다. 그래서 그는 다른 선택을 생각할 수 없게 만드는 이런 시대적 분위기를 '견딜 수 없는 고통'으로 받아들이고 있다. 그런 흑백의 선택을 할 수밖에 없다는 것은 "스스로에게도 용허할 수 없는 자기 학대요 또 큰 범죄"라는 말까지 하고 있다. 여기에서 우리는 인문주의자로서의 염상섭의 면모를 생생하게 느끼고 발견할 수 있다. '일체의 긍정이 아니면 일체의 부정'밖에 허용하지 않는 시대는 불행하고, 그렇게 살아가야 하는 사람은 더욱 불행하다는 것을 소설가 염상섭은 「만세전」을 쓰던 시기에 잘 알고 있었다. 그래서 자신의 소설적 도정을 불행한 시대를 불행하게 살아가는 인간들의 모습을 기록한 이야기인 「표본실의 청개구리」, 「암야」, 「제야」 등으로 시작했던 것이다. 그러면서 「만세전」에 다음과 같은 구절을 남겨 놓았다.

> 하고 보면 결국 사람은, 소위 영리하고 교양이 있으면 있을수록(정도의 차는 있을지 모르나), 허위를 반복하면서 자기 이외의 일체에 대해, 동의와 타협 없이는, 손 하나도 움직이지 못하는 이기적 동물이다. 물적 자기라는 좌안(左岸)과 물적 타인이라는 우안(右岸)에, 한 발씩 걸쳐 놓고, 비글비글 뛰며 도는 것이, 소위 근대인의 생활이요, 그렇게 하는 어릿광대가 사람이라는 동물이다. 만일에 아무 편에든지 두 발을 모으고 선다면, 위선 어떠한 표준하에, 선인이나 악인이 될 것이요, 한층 더 철저히 그 양안의 사이로 흐르는 진정한 생활이라는 청류에, 용감히 뛰어 들어가서 전아적(全我的)으로 몰입한다면, 거기에는 세속적으로는 낙오자에 자적(自適)하겠다는 각오를 필요조건으로 한다……[6]

그렇다면 3·1 운동을 전후한 암울한 시기에 청년기를 보냈던 염상섭이, 그의 말처럼 긍정이 아니면 부정이라는 식의 선택만이 강요되던 시기에 '구구한 타협'이 싫어서, 일본에 대한 긍정처럼 보이는 직업을 선택할 수 없어서 '자적'의 방식으로 소설 쓰기란 직업을 가지게 된 염상섭이 그럼에도 불구하고 개인적 감정을 자제하며 식민지 현실을 '객관적'으로 그려 냈다는 것은 놀라운 일이다. 특히 일본 사람들에 대한 일방적 분노를 억제하면서 우리 자신의 부정적 모습까지 냉정하게 그려 냈다는 점은 놀라운 일이다. 바로 여기에서 우리는 염상섭이 당대의 다른 소설가들보다 훨씬 뛰어난 소설가적 자질을 가졌다는 것과 더불어 그의 소설이 지닌 우수함도 발견할 수 있다.

염상섭은 「만세전」에서 — 이 작품의 발표 당시 제목이 '묘지'였다는 사실에서 짐작할 수 있듯 — 식민지 현실의 참담하고 부정적인 측면을 차근차근 그려 나갔다. 주인공인 이인화가 동경에서 서울로 이동하면서 겪는 여러 사건을 통해 식민지 사회의 다양한 부정적 풍경을 생생하게 점층적으로 제시했다. 이런 점에서 「만세전」이 가지고 있는 여로라는 소설적 구조는 식민지 사회의 이런저런 풍경을 소설 속에서 순차적으로 소개해 나갈 수 있는 적절한 구조, 식민지 지식인이 일본과 조선에서 마주치는 다양한 부정적 풍경을 효과적으로 제시할 수 있는 구조라 말할 수 있다.

이 소설의 주인공 이인화는 동경의 하숙집이나 정자가 일하는 카페에서 자신이 조선인이란 사실을 그다지 의식하지 않는다. 신호(고베)에서 여자 친구 을라를 만나 돌아다녀도 주위 상황으로부터 조선인이란 사실을 의식하지 않는다. 그런데 하관(시모노세키)에서부터 사정은 달라지기 시작한다. 형사에게 끌려가 짐 수색을 당하고 심문을 받기 시작하면서 자신이 조선인이란 사실을 불가피하게 느끼기 시작하는 것이다. 이를테면 주인공이 부산행 연락선의 목욕탕에서 마주친 일본인들로부터 민족적 모멸감을 느끼게 되는 장면을 염상섭은 이렇게 묘사해 놓고 있다.

"요보 말씀이에요? 젊은 놈들은 그래도 제법들이지마는, 촌에 들어가면 대만(臺灣)의 생번(生蕃)보다는 낫다면 나을까. 인제 가서 보슈…… 하하하."
'대만의 생번'이란 말에, 그 욕탕 속에 들어앉았던 사람들이, 나만 빼놓고는 모두 킥킥 웃었다. 나는 가만히 앉았다가, 무심코 입술을 악물고 쳐다보았으나, 더운 김에 가려서, 궐자들에게는 자세히 보이지 않은 모양이었다.[7]

이 소설의 주인공은 "일본으로 건너간 뒤에는 (……) 그리 적개심이나 반항심을 일으킬 기회가 적었었다."라고 말한 적이 있다. 그런데 조선으로 돌아오는 하관에서부터 자신이 조선인이란 사실을 일깨워 주는 일들이 연이어 벌어진다. 하관의 연락선 부두 입구에서는 임의 동행을 요구당하고 그래서 불쾌한 기분으로 승선한 배 안에서는, 위의 인용문에서 보듯, 조선인을 비하하여 부르는 '요보'라는 말과 조선인을 무지한 야만인으로 간주하는 '대만의 생번'이란 말에 마주친다. 자신이 조선인이란 사실을 뼈저리게 자각하지 않을 수 없게 만드는 모멸적 풍경에 빈번하게 마주치는 것이다. 그런데 「만세전」의 뛰어난 점은 그럼에도 작가가 이러한 민족적 모멸감을 곧장 상대에 대한 분노나 적개심으로 연결시키지 않는다는 데 있다. 염상섭은 상대에 대한 분노의 감정은 감정의 형태로 간직하면서 과연 우리 민족이

시대에 대한 통찰과 내면세계의 확장

그러한 모멸과 부당한 대우를 부정할 수 있는, 당당하게 자신의 존엄을 지키며 살아가는 사람들인지를 생각하게 한다. 그리고 우리 민족이 보여 주는 자존심과는 거리가 먼 사건들을 기록하며 은연중에 반성을 촉구한다. 예컨대 김천에서 만난, 초등학교 교원인 형님의 옷차림과 그가 헌병 보조원 앞에서 보이는 행태를 다음과 같이 묘사한다.

"네, 네!"
하고 거의 기계적으로 오른손이 모자의 챙에 올라가 붙었다. 그 모양이 나에게는 우습게 보이면서도 가엾었다. 어떻든 형님 덕에 나는 별로 승강이를 안 당하고 무사히 빠져나왔다.
형님은 망토 밑으로 들여다보이는 도금을 물린 검정 환도 끝이 다리에 터덜거리며 부딪는 것을 왼손으로 꼭 붙들고 땅이 꺼질 듯이 살금살금 걸어나오다가, 천천히 그동안 결과를 이야기하여 들려준다.[8]

우리는 이러한 사실적 묘사, 인물의 모습이 정확하게 느껴지는 객관적 묘사를 통해 식민지 사회의 말단 공무원으로 살아가는 인물의 모순적 삶을 생생하게 읽을 수 있다. 이 모순적 삶은 먼저 일본도를 차고 근엄하게 위세를 과시하는 형의 외모와 하잘것없는 헌병 보조원 앞에서마저 굽실거리는 행동 사이의 코미디 같은 부조화에서 드러난다. 다음으로 "땅이 꺼질 듯이 살금살금" 걷는다는 묘사에서 여실하게 알 수 있다. 우리는 이 대목에서 "문학을 하면야 일본 놈과 아랑곳이 무어랴"라던 염상섭의 말을 다시 의미 있게 떠올릴 수 있다. 민족의 자존심을 버리고 식민지 지배 구조의 말단 조직원으로 살아가는 조선 사람이 보여 주는 행태의 이중성에 대해 염상섭은 이 같은 묘사를 통해 간접적이지만 날카롭게 비판적 눈길을 드러내는 것이다. 형이 보여 주는 또 다른 모순적 삶은 고향 지인의 어린 딸을 첩실로 들어앉히는 모습이나 헌 집을 비싸게 팔아먹기 위해 고의적으로 방치하는 모습에서도 드러난다. 교원인 형은 도덕과 윤리를 내세워 동생을 훈계하고 있지만 축첩과 축재에 더 관심이 많은 비도덕적 인물이란 것을 작가가 말하지 않아도 자연스럽게 느낄 수 있다.

이렇듯 형님과의 조우에서 우울한 풍경을 접한 주인공은 김천을 떠난 기차 안에서 헌병 보조원들의 고압적인 말소리와 조선인들의 비굴한 대답 소리에 신경이 예민해지고, 헌병 보조원들이 딱딱거리는 발소리로 자신에게 다가올 때는 죄 없이 가슴이 뜨끔해지는 기분을 맛본다. 또 "천대를 받아도 얻어맞는 것보다는 낫다."라고 생각하며 '목전에 닥쳐오는 핍박을 피하기 위해' 망건을 쓰고 무식함을 장기로 내세우는 갓 장수의 생존 방식에서 무척 곤혹스러움을 느낀다. 그러다가 주인공의 이런 기분은 기차가 잠시 정거한 대전 근처에서 더욱 비참하고 울분이 치솟고 자존심이 붕괴되는 민족 현실에 마주침으로써 인내의 한계점에 도달한다. 주인공은, 등 뒤에 아이를 업고 "머리를 파발을 하고 땟덩이가 된 치마저고리의 매무시까지 흘러내린 젊은 여편네도"⁹ 포승줄에 결박을 당해 묶여 있는 풍경 앞에서는 흉악한 꿈을 꾼 것처럼 가위에 눌리고 마침내 견딜 수가 없어서 마음속으로 이렇게 비명을 지르게 되는 것이다.

모든 기억이 꿈같고 눈에 띄는 것마다 가엾어 보였다. 눈물이 스며 나올

시대에 대한 통찰과 내면세계의 확장

것 같았다. 나는, 승강대로 올라서며, 속에서 분노가 치밀어 올라와서 이렇게 부르짖었다.

"이것이 생활이라는 것인가? 모두 뒈져 버려라!"

찻간 안으로 들어오며,

"무덤이다! 구더기가 끓는 무덤이다!"**10**

이 대목에서 염상섭은 그가 파악한 식민지 현실의 모습을 '구더기가 끓는 무덤'이라는, 상당히 과격한 말로 드러내고, 자제해 왔던 감정을 "에잇! 뒈져라! 움도 싹도 없이 스러져 버려라! 망할 대로 망해 버려라!"라는 비명 같은 외침으로 폭발시킨다. 이런 염상섭의 외침 속에는 한편으로는 그의 초기 소설을 물들이고 있는, 암담한 현실로부터 오는 비관주의가, 다른 한편으로는 군림하는 일본에 대한 분노의 감정과 함께 구태와 악습으로 살아가는 조선 민족이 구제 불능일지도 모른다는 탄식의 감정이 자리 잡고 있다. 물론 젊은 날의 염상섭이 「만세전」에서 보여 준 이러한 반항적·자폭적 감정, 일종의 과격한 비관주의라 부를 수 있는 감정은 『삼대』에 이르면 훨씬 부드러워지긴 하지만 그런 비관적 감정의 상태였기 때문에 1920년대 초의 염상섭은 1930년대의 염상섭에 비해 신생에 대한 정서적 열망을 훨씬 더 강력하게 가지고 있었다고도 말할 수 있다. 당시의 부정적 민족 현실이 부정되고 새로운 민족 현실이 도래하기를 바라는 그 열망을 염상섭은 「만세전」에서 "사태가 나든지 망해 버리든지 양단간에 끝장이 나고 보면 그중에서 혹은 조금이라도 쓸모 있는 나은 놈이 생길지도 모를 것이다."**11**란 말로 드러내고 있다.

24

3   당대 사회를 대변하는 다양한 인간 유형

염상섭은 『삼대』에서 식민지 사회의 모습을 당시의 어떤 소설보다도 입체적으로 보여 주는 다양한 인물을 그려 낸다. 가족사 소설을 연상시키는 '삼대'라는 제목에도 불구하고 이 소설은 구한말 세대와 개화기 세대와 식민지 세대의 가족사를 순차적으로 그리지 않는다. 염상섭은 장시간에 걸친 가족사가 아니라 세 세대가 동시적으로 함께 살아가는 공간 속에서 몇 달 동안에 벌어지는 일들을 인물과 사건을 중심으로 그리고 있다. 따라서 이 소설에서 시간적 흐름은 별다른 의미를 가지지 못한 반면 인물들의 긍정적 혹은 부정적 성격은 두드러져 보인다. 이 점과 관련하여 유종호는 『삼대』가 가족사 소설이 아니라는 사실을 다음처럼 지적한 적이 있다.

> 삼대는 그 표제만으로는 언뜻 가족사 소설을 연상시킨다. 그러나 실상은 '조의관'에 의해서 사당과 금고의 승계권자로 지목된 덕기를 중심으로 해서 '조의관'의 죽음을 전후한 약 1년간의 시간을 안고 있을 뿐이다. 가족사 소설과 거리가 멀다는 것은 1년간이란 짧막한 시간에서뿐만 아니라 조씨 일가의 가부장이요, '덕기'로 하여금 동경과 서울, 바커스 술집에서 병화 하숙집까지의 사회 공간의 향유를 가능케 하는 경제력의 원천인 조의관의 내력이 분명치 않다는 점에서도 드러난다. 그가 만석꾼이며 정총대(町總代)를 지냈다는 이력이 희미하게 암시되어 있을 뿐이다.[12]

유종호의 지적처럼 『삼대』에는 '삼대'에 해당하는 시간의 흐름이 없을 뿐만 아니라 '삼대'를 구성하는 첫 인물인 조의관의 개인사와 그가 이룩한 축재의 내력이 대단히 불투명하다. 『삼대』에서 두드러져 보이는 것은 가족의 역사가 아니라 삼대를 구성하는 조의관, 조상훈, 조덕기 이 세 인물의 긍정적 혹은 부정적 행태와 이들과 관련된 여러 인물이 보여 주는 마찬가지 행태들이다. 이 소설에서 덕기의 친구 병화가 '삼대'의 한 인물인 아버지 조상훈보다 훨씬 핵심적인 인물로 등장하고 있다는 사실은 『삼대』가 가족사를 구성하는 세 명의 시간을 중심으로 전개되지 않는다는 점을 말해 준다. 또 보조적 인물로 등장하는 여러 사람의 경우도 가족과 생활을 함께하는 사람들보다 가족 밖에서 사회의 모습을 보여 주는 홍경애와 필순이 같은 인물 쪽이 상대적으로 더 큰 비중을 차지한다는 사실도 『삼대』가 통시적인 가족사를 그리는 소설이 아니란 점을 말해 준다. 『삼대』에서 세 명의 인물을 동시적 공간 속에 존재하도록 만든 이유는 이들이 건설해 놓은 가족의 내력을 차근차근 들려주기 위해서가 아니라 그렇게 할 때 세 세대 사이에서 벌어지는 온갖 긍정적 행태와 부정적 행태들이 상호 대비를 통해 더욱 잘 드러나는 까닭이다. '삼대'는 다양한 가치관을 지닌 인간군이 뒤엉켜 있는 당대 사회의 축소판이라고 생각하는 것이 소설의 실상에 어울리는 적절한 판단일 것이다.

염상섭의 「만세전」은 이전에 쓰인 소설들과 그물망처럼 얽혀 있다는 이야기를 첫머리에서 했지만 그렇기 때문에 『삼대』에서 생생하게 살아 있는 인물들은 대체로 작가 자신이 「만세전」을 비롯한 여러 소설 속에서 발전시켜 온 인물들이다. 일본 유학생 신분인 조덕기, 타락한 기독교인인 조상훈, 유부남과의 연애 사건을 일으키는 홍경애와 김의경 같은 주요 인물의 경우 유사한 방식으로 행동하는 인물들을 이전의 다른 소설 속에서 여러 명 찾아낼 수 있다. 이런 사실, 특히 부정적이고 타락한 인물을 생동감 있게 그리고 있다는 사실은 『삼대』의 인물들이 하루아침에 태어나지 않았다는 것과 이 소설의 성공에는 이유가 있다는 것을 말해 준다.

염상섭의 『삼대』에서 가장 중요한 역할을 하는 두 인물은 주인공인 조덕기와 그의 친구인 사회주의자 김병화이다. 조덕기는 김병화의 눈길을 통해 인물의 성격이 뚜렷하게 규정되고, 김병화는 조덕기의 눈길을 통해 성격이 분명하게 드러나는 상호 조명적 관계를 만들어 놓았다. 이 사실은 당시의 정치적 흐름이 민족주의와 사회주의로 크게 나뉘어 있었다는 사실과 일치하는 것이라 할 수 있다. 염상섭은 1920년대 후반에 발표한 몇 편의 비평적 글에서 당시의 정치적 흐름에 대해 입장을 밝힌 바 있다. 글 속에서 염상섭은 민족주의와 사회주의에 대해 이렇게 이야기한다. "민족 운동은 (……) 민족혼의 고취와 대의명분적 정신에 입각하려" 하기 때문에 '유심적 경향'을 가질 것이다. 또 "경제 방면으로는 민족 대 민족의 노자 관계를 인식함으로 자민족의 내국적 자본주의를 긍정 또는 장려"하는 까닭에 '사회 운동'에 대해 소극적 태도를 취할 것이다. 반면에 "사회 운동은 (……) 일체의 전통을 부인"하면서 "반동의 대상을 자기 민족에 대한 압박 민족에 국한하는 것"이 아니라 '전 세계의 부르주아 계급'을 그 대상으로 삼고 있다. 그러면서 전통문화에 대한 두 이데올로기의 태도를 다음처럼 요약한다.

그리고 정신문화상으로 보면 민족주의를 자민족의 개성에 중심을 둔 문화 — 국민 문학의 수립을 기도하는 반면에 사회 운동 측에서는 보편성적으로 프롤레타리아 문화 — 계급 문학의 고조로서 전통적 관념의 파기 및 개조에 분망하게 될 것도 필연의 이세(理勢)일 것이다.[13]

염상섭의 이러한 이야기가 민족주의와 사회주의에 대해 깊이 있는 식견을 보여 주는 것은 아니지만 이 같은 이야기를 통해 염상섭이 조덕기라는 인물과 김병화라는 인물에게 부여해 놓은 생각과 성격을 이해할 수 있다. 염상섭은 전면적이지는 않아도 민족주의를 옹호하는 입장이기 때문에 할아버지의 유지를 받들어 가장의 자리를 잇고 돈의 가치를 긍정하는 인물, 사회주의에 대해 비판적 거리를 유지하는 조덕기란 인물을 『삼대』의 가장 핵심적인 인물로 만들었다. 그러면서도 일방적인 민족주의 지지자가 아니었기 때문에 사회주의자인 김병화에 대해서도 일정한 공감을 가지는 인물로 — 염상섭은 이것을 '심퍼사이즈(sympathize)'라 말한다. — 만들어 놓았다. 그것은 염상섭이 사회주의가 부정적 전통을 파괴하는 작업에서는 민족주의보다 훨씬 낫다고 생각한 까닭이다. 염상섭식의 구별에 따르면 전통에는 민족, 환경, 언어에 의해 형성된 '평면적 전통'과 인간과 물질의 관계에 의해 만들어진 '입체적 전통'이 있는데 봉건적 계급 관계나 악습과 같은 부정적 전통은 후자에 속한다. 염상섭은 후자인 부정적 전통은 빠르게 청산해야 한다고 생각했다. 이런 나름의 인식을 바탕으로 민족주의와 사회주의의 악수를 주장하는데 그의 이 같은 생각은 『삼대』에서 조덕기와 김병화의 우정 관계 속에 투영되고 있다. 예컨대 김병화가 조덕기에게 보낸 편지가 그렇다.

(……) 필순이가 앞서 오고 자네가 뒤처져 올지 그것은 모르겠지만 자네
들이 시대의 꼬리를 붙들고 늘어지는 자네의 조부는 미구불원하여 돌아
가시지 않나. 그이의 지키시던 모든 범절과 가규와 법도는 그 유산 목록에
함께 끼어서 자네에게 상속할 모양일세마는, 자네로 생각하면 땅문서만
이 필요한 것일세. 그러나 그 땅문서까지가 대수롭지 않게 생각될 날이 올
것일세. 자네에게는 시대에 대한 민감과 양심이 있는 것을 내가 잘 아니까
말일세.[14]

여기에서 사회주의자인 김병화는 자신의 친구가 봉건적 악습을
유지하는 가장의 자리와 함께 그것을 뒷받침해 주는 지주의 자리를
고스란히 이어받을 것이라고 예견하면서 먼저 악습을 철폐하고 이어
서 빠른 시간 내에 지주의 자리도 내놓으라고 충고한다. 이러한 김병
화의 충고는 물론 『삼대』에서 결말이 난 것은 아니지만 조덕기란 인
물의 면면으로 보아 전면적으로 수용될 것으로 보이지는 않는다. 조
덕기가 할아버지 조의관처럼 가난한 사람에게는 인색하면서도 그럴
듯한 가계를 만들기 위해, 족보를 새로 꾸미고 봉분을 새롭게 단장하
는 일에 막대한 돈을 낭비하는 인물이 되지 않을 것은 분명하다. 주인
공인 조덕기는 잘못된 욕망이 빚어낸 축첩과 가식적인 봉제사 등의
인습은 답습하지 않을 각오가 확실한 인물이어서, 병화와 필순이네
가족에 대한 물질적 후원에서 보듯 자신의 재부를 조의관처럼 이기
적으로 사용하지도, 조상훈처럼 애욕과 도박에 탕진하지도 않을 것

시대에 대한 통찰과 내면세계의 확장

이기 때문이다. 반면에 조덕기가 김병화에게 보낸 편지는 이렇다.

자네는 투쟁 의욕 ── 이라느니보다도 습관적으로 굳어 버린 조그만 감정
속에 자네의 그 큰 몸집을 가두어 버리고 쇠를 채운 것이, 나 보기에는 가
엾으이. 의붓자식이나 계모 시하에서 자라난 사람처럼 빙퉁그러진 것도
이유 없는 것이 아니요 동정은 하네마는 그런 융통성 없는 조그만 투쟁
감정을 가지고 큰 그릇 큰일을 경륜한다는 것은 나는 믿을 수 없네. 그건
고사하고 내게까지 그 소위 계급 투쟁적 소감정으로 대하는 것이 옳은 일
일까?[15]

염상섭은 『삼대』에서 사회주의 이념 자체에 대해서는 어떤 논리
적인 비판도 표명하지 않는다. 그것은 새로운 시대의 탄생을 위해서
는 구시대의 잔재들을 청산해야 하고 그러한 청산 작업에는 사회주
의가 민족주의보다 더 효과적이라고 생각했던 까닭이다. 그래서 위
의 글에서 보듯 사회주의자가 자신의 신념을 관철하는 투쟁 방식과
생활 태도를 비판하면서 이어지는 대목에서 좀 더 넓은 마음으로 아
버지와 화해하고 귀가할 것을 종용한다. 또 나이 어린 필순이를 사회
주의자로 만들려는 시도에 대해서도 그녀에게 자발적으로 선택할 기
회를 주어야 한다고 충고한다. "앞서 산 사람이 자기의 뒤틀린 경험과
사상과 습관 속에 뒤에 오는 사람을 가두어 넣으려 하는 데서" '비극
의 씨'가 뿌려진다면서 그런 비극을 반복해서는 안 된다는 것이 그 이
유이다.

이렇듯 조덕기와 김병화의 면모에는 염상섭이 파악한 당대의 정

치적 흐름과 그 흐름에 대한 그의 입장이 개입되어 있다. 그렇지만 인물의 형상화란 측면에서 볼 때 사회주의자인 김병화보다도 민족주의자인 조덕기가 훨씬 더 생동감 있게 그려진 것은 작가의 애정과 관심이 조덕기 쪽에 기울어져 있었기 때문이다. 작가가 사회주의자의 이념과 행동 방식에 익숙하지 못한 여러 측면이 있었다는 이유도 작용했겠지만 근본적인 이유는 역시 자신이 다른 입장에 서 있었기 때문이라 판단하는 것이 올바른 이야기라고 생각한다.

염상섭이 『삼대』에서 가장 부정적으로 그려 놓은 인물은 아버지 조상훈이다. 주인공이 "봉건 시대에서 지금 시대로 건너오는 외나무다리의 중턱에 선 것 같다."[16]라고 생각하는 아버지의 행태는 위태롭기 짝이 없을 뿐만 아니라 타락해 있다. 조상훈은 마땅히 집안을 물려받아야 할 위치에 있는 아들이지만 기독교인임을 내세워 제사를 거부하고 그러면서도 여자와 노름에 빠져 있어서 조의관으로부터 자식 취급을 받지 못하는 인물이다. 조의관이 생각하기에 그런 아들은 재산을 관리하며 일가를 이끌어 나가야 하는 자리에 대단히 부적절한 인물이다. 아들인 조덕기의 눈에도 아버지의 모습은 대단히 한심하다. 애욕에 사로잡혀 축첩을 일삼고 도박에 빠져 재산을 탕진하면서 할아버지의 돈만 호시탐탐 노리고 있는 아버지의 모습은 인습에 얽매인 할아버지보다도 훨씬 더 부정적으로 간주된다.

염상섭이 기독교인을 부정적으로 그린 것은 『삼대』가 처음이 아니다. 이미 이전에 발표한 「제야」, 「E선생」, 「너희들은 무엇을 얻었느냐」 등의 작품에서 조상훈의 모델이 되는 부정적 기독교인의 모습을 여러 차례 그렸다. 이런 점에서 기독교인에 대한 염상섭의 부정적 묘

　　　　　　　　　　　　　시대에 대한 통찰과 내면세계의 확장

사는 상당히 뿌리가 깊은 셈이다. 이유가 무엇일까? 그 답을 『삼대』에서 찾아본다면 이렇다.

> 이삼십 년 전 시대의 신청년이 봉건 사회를 뒷발길로 차 버리고 나서려고 허비적거릴 때에 누구나 그리했던 것과 같이, 그도 젊은 지사(志士)로 나섰던 것이요, 또 그러느라면 정치적으로는 길이 막힌 그들이 모여드는 교단(敎壇) 아래 밀려가서 무릎을 꿇었던 것이 오늘날의 종교 생활의 첫출발이었던 것이다.[17]

이와 같은 서술에 따른다면 아버지 조상훈은 제대로 된 우국지사도 올바른 믿음을 가진 신앙인도 못된 사람이다. 그의 경우 봉건 사회를 타파하겠다는 지사의 길은 식민지가 되면서 막혀 버렸고 올바른 신앙인의 길은 애초부터 믿음에서 시작하지 않았기 때문에 실천할 수가 없다. 그것이 타락의 근원적 이유이다. 조상훈은 조의관의 돈을 등에 업고 교회의 교육 사업에 뛰어들어 한때 명망 있는 교육자의 이미지를 구축하기도 했지만 그의 내면세계는 성실한 신앙인이 아니어서 빠르게 타락의 길로 치달린다. 이런 아버지의 모습에 대해 아들인 조덕기는 어머니에게 이렇게 말한다. "밤 10시까지는 설교를 하시고, 그리고 10시가 지나면 술집으로 여기저기 갈 데 안 갈 데 돌아다니시니 그러면 세상이 모르나요, 언제든지 알리고 말 것이오……."[18]라고 말이다. 여기에서도 조상훈이란 인물에 투영된 염상섭의 생각을 읽을 수 있다. 염상섭은 미국 유학을 다녀온 기독교인 조상훈이, 제사를 거부하는 일에서 볼 수 있듯, 급진적으로 전통을 부정하는 방식에 동의하지 않는다. 자신의 능력과 자질이 미치지 못하는 변화에 대해 곱지 않은 눈길을 보내는 것이다. 그러면서 전통의 선택적 부정과 수용을 통해 점진적으로 세상을 바꾸어 나가려는 조덕기를 바람직한 인물로 내세우고 있는 것에서 혁명이 아니라 개혁을 선호하는 염상섭의 입장을 읽을 수 있다.

『삼대』에서 가장 빛나는 부분은 죽어 가는 조의관이 손자인 조덕기를 불러 앉혀 놓고 금고 열쇠를 물려주며 열쇠와 사당에 대한 유언을 하는 장면이다. 이 장면에 대해서는 이미 많은 사람의 이야기가 있었지만 중요한 대목인 만큼 다시 살펴보자.

> "공부가 중하냐? 집안일이 중하냐? 그것도 네가 없어도 상관없는 일이면 모르겠지만 나만 눈감으면 이 집 속이 어떻게 될지 너도 아무리 어린애다만 생각해 봐라. 졸업이고 무엇이고 다 단념하고 그 열쇠를 맡아야 한다. 그 열쇠 하나에 네 평생의 운명이 달렸고 이 집안 가운이 달렸다. 너는 열쇠를 붙들고 사당을 지켜야 한다. 네게 맡기고 가는 것은 사당과 그 열쇠 — 두 가지뿐이다. 그 외에는 유언이고 뭐고 다 쓸데없다. 이때까지 공부를 시킨 것도 그 두 가지를 잘 모시고 지키게 하자는 것이니까 그 두 가지를 버리고도 공부를 한다면 그것은 송장 내놓고 장사 지내는 것이다. 또 공부도 그만큼 했으면 지금 세상에 행세도 넉넉히 할 게 아니냐."[19]

이 장면은 조의관이란 인물의 됨됨이를 선명하게 전달한다. 그가 평생 동안 어떤 생각으로 살아온 사람인지를 또렷하게 보여 준다. "너는 열쇠를 붙들고 사당을 지켜야 한다."라는 말 속에 조의관이 살아온 모든 의미가 집약되어 있는 것이다. 조의관은 이 말처럼 악착같이 돈을 모으고 남 앞에 내놓을 수 있는 가계를 꾸미는 일에 평생을 바친 사람이다. 이러한 조의관의 모습은 식민지 사회에서 개인이 추구해야 할 가치에 대해 의미 있게 문제를 제기한다. 신분제가 철폐되고 과거를 통한 출세가 막혀 버린 식민지 사회에서 개인과 가문의 존엄을 지킬 수 있는 가장 확실한 수단, 타인들로부터 존경과 복종을 이끌어 낼 수 있는 가장 확실한 수단은 돈이다. 조선 시대와 같은 봉건적인 사회에서는 출세한 사람이라는 신분이 표면적으로 더욱 존경을 받았지만 식민지 사회는 그런 신분을 소멸시켰다. 그러나 돈이 개인과 가문에 대한 내면적 존경까지 보장해 주는 것은 아니다. 이 점을 조의관은 잘 알고 있다. 식민지 사회에서 양반 제도는 없어졌지만 가문의 전통을 자랑으로 삼는 문화마저 사라지지는 않았다. 식민지 사회에서는 개인과 가족의 영예를 보장해 주는 새로운 문화가 정착되지 못했기 때문에 미천한 신분의 사람들이 돈을 벌 경우 전통 사회의 가문에 더 열심히 매달리며 족보를 새롭게 꾸미는 그릇된 풍조가 만연하는 경향이 있었다. 조의관이 악착같이 돈을 모아서 그 돈으로 조상의 봉분을 단장하고 족보를 꾸미는 것은 자신의 집안에 대한 사회적 존경을 이끌어 내기 위해서인 것이다. 이런 점에서 본다면 조의관의 모습은 합법적으로 돈을 번 사람에 대한 존경, 품위 있는 부르주아에 대한 존경의 전통 없이 근대 사회로 이행하고 있는 식민지 사회의 흥미로운 한 단면이라 하겠다.

4   인간의 내면세계에 대한 관심의 확대

염상섭이 한국 소설의 발전에 기여한 가장 큰 공적 중의 하나는 개인의 내면세계를 소설의 주요한 관심사로 끌어들여서 이에 대한 묘사를 발전시켰다는 사실이다. 우리는 염상섭의 데뷔작인 「표본실의 청개구리」가 우울증 환자의 내면 고백 형식을 띤다는 사실을 알고 있다. 그리고 「만세전」의 주인공 이인화도 아내와의 애정 없는 관계에 대한 번민 등으로 말미암아 우울증 비슷한 증세에 시달리는 모습을 본다. 이런 점과 관련하여 김우창은 다음과 같은 요지의 말을 한 적이 있다. 이광수의 『무정』이나 『재생』에서는 "도덕이나 사회의 문제가 내면에서 파악되지 못하고 또 이러한 문제를 삶의 내면적인 원리로서 지닌 인물이 빚어지지 못"하고 있다. 그런데 염상섭의 경우는 다르다. "염상섭의 「만세전」을 이해하는 알맹이는 바로 주인공의 여행을 부르는 개인적인 사건과 사회 전체의 모습이 어떻게 맺어지는지를 이해하는 일이다."[20]

염상섭이 소설을 쓰기 시작한 1920년대는 새로운 의미의 사회에 대한 발견, 다시 말해 근대적인 의미의 사회에 대한 인식이 빠르게 이루어지던 시기였다. 특히 사회주의 사상의 대두로 인해 우리가 살고 있는 사회가 단일한 것이 아니라 다양한 집단과 계급 사이에 대립과 갈등이 야기되는 어떤 것이라는 이해가 이루어지고 있었다. 그러나 사회에 대응하는 개인의 의미, 사회적 삶과 대등한 의미를 지니면서도 사회와 분리할 수 없는 얼크러짐 속에 묶여 있는 개인의 의미를 질문하는 일은 드물었다. 특히 사회적 삶이 내면화된 양상과 모습

시대에 대한 통찰과 내면세계의 확장

에 대한 학문적 탐구와 소설적 탐구는 거의 없었다. 그런데 염상섭은 「표본실의 청개구리」에서, 이 소설이 탁월한 작품은 아니지만, 꽉 막힌 식민지 사회가 지식인에게 어떤 내면적 고통과 증상을 앓게 만드는지를 보여 주었으며, 이후의 소설에서도 그러한 진지한 탐구를 계속 이어 나갔다.

> 과연 지금 나는 정자를 내 처에게 대하는 것처럼 냉연히 내버려 둘 수는 없으나, 내 아내를 사랑하지 않으니만치, 또 다른 의미로 정자를 사랑할 수는 없다. 결국 나는, 한 여자도 사랑하지 못할 위인이다.[21]

위의 인용문은 「만세전」에서 주인공 이인화가 아내가 위독하다는 전보를 받고서도 무사태평인 자신의 태도를 반성하면서 정자라는 일본 여성을 생각하는 장면이다. 아내에게 냉담한 것은 다른 여자, 정자에게 반해서인가? 반드시 그런 것은 아닌 것 같다. 사랑이 없어서인가? 그렇다면 정자도 사랑할 수 없을 것이 아닌가? 주인공은 이런 식의 내면적 문답을 거듭한다. 소설에서 이후의 전개 과정을 통해 점진적으로 그 사유가 밝혀지기는 하지만 그의 이런 모습은 식민지 사회의 여러 전통과 문화에 관련되어 있다. 좀 더 구체적으로 말해 축첩과 조혼 제도, 전통적인 가족 관계뿐만 아니라, 자유연애가 확산되고 주인공 자신이 그러한 문화적 세례를 받은 식민지 지식인이라는 사실과도 얽혀 있다. 「만세전」의 주인공은 그래서 정자에게 쉽게 접근하지 못할 뿐만 아니라 김천에서 만난 형이 축첩한 사실도 탐탁하게 여기지 않는다. 이런 점에서 염상섭은 한 개인의 내면세계에 개입해

들어온 여러 가지 사회적 문제를 진지하게 소설적 탐구의 대상으로 삼은 소설가이다.

염상섭의 소설이 보여 준 내면세계의 확장은 그가 반성적 지식인으로서 균형 잡힌 시각을 지닌 소설가였다는 사실과도 깊은 관계가 있다. 이런 염상섭의 태도는 『삼대』에서 수원댁이 저지른 비소 중독 사건과 아버지가 저지른 유언장 위조 사건을 이성적으로 처리하는 데에서 볼 수 있다.

> 다음에 또 한 장 내놓았다.
> "이럼 이것은?"
> 덕기는 대답할 수 없었다. 처음 것과 같은 날짜로 정미소를 상훈이에게 준다는 역시 조부의 유서이다. 물론 필적도 같다.
> "조부의 필적입니다."²²

주인공이 이처럼 거짓말로 아버지의 행위를 합리화해 주는 데에는 물론 부자 관계라는 인륜적 측면도 작용하고 있지만 진실을 밝혔을 경우에 야기될 엄청난 파장을 고려하고 있다는 측면이 더 크게 작용한다. 조덕기라는 인물은 염상섭과 마찬가지로 어떤 일의 표면만이 아니라 이면까지 통찰하고 고려하면서 신중하게 행동하는 인물이다. 염상섭은 『삼대』에서 돈의 문제, 인간에 대한 판단, 풍속과 이념에 대한 호오, 민족 현실에 대한 인식 등 거의 모든 문제에서 상대방의 입장을 고려하며 일방적 긍정이나 부정을 절제하는 조덕기란 인물을 만들어 놓았다. 그는 특정한 방향으로 쉽게 경도되지 않는, 균형

시대에 대한 통찰과 내면세계의 확장

잡힌 시각을 보여 주는 인물이다. 상당수의 사람들은 주인공 조덕기의 균형 잡힌 시각을 염상섭이 지녔던 일종의 '절충적 시각', '중간파적 시각' 때문이라 설명하지만 필자는 약간 다르게 보는 입장이다. 염상섭이 이러한 시각은 애매한 입장 때문에 생겨난 것이 아니라, 상대의 입장에 서서 사건의 양면성을 고려하는 데에서 생겨난 것이기 때문이다. 많이 알게 되면 쉽게 결정하지 못한다는 말이 있는 것처럼 염상섭은 이런 균형 잡힌 시각으로 인해 쉽게 결단을 내리지 못하며 망설이고 번뇌하는 인물을 그리는 측면이 있다. 이를테면 『삼대』의 마지막 장면에 묘사된 주인공 조덕기의 내면세계를 그러한 맥락에서 이야기할 수 있다.

> 덕기는 병원 문 안으로 들어서며, 아까 보낸 부의가 적었다는 생각이 들자 나올 제 돈을 좀 가지고 올걸! 하는 후회가 났다. 그것은 필순에게 대한 향의로만이 아니었다.
> "구차한 사람, 고생하는 사람은 그 구차, 그 고생만으로도 인생의 큰 노역이니까, 그 노역에 대한 당연한 보수를 받아야 할 것이 아닌가?"
> 이런 도의적 이념이 머리에 떠오르는 덕기는 필순이 모녀를 자기가 맡는 것이 당연한 의무나 책임이라는 생각도 드는 것이었다.[23]

여기에 묘사된 주인공의 내면세계에는 일차적으로 부자가 가난한 사람을 돕는 것은 당연한 일이라는 조덕기의 휴머니즘과 그런 생각이 혹시라도 필순에게 쏠리는 자신의 어떤 감정 때문이 아닌가 하는 반성적 의식이 작용하고 있다. 주인공이 "자기 부친이 경애 부친의 장사를 지내 주던 생각을 하며 자기네들도 그와 같은 운명에 지배되는가 하는 이상한 생각"²⁴에 사로잡히는 모습이 그 점을 말해 준다. 아버지와 홍경애의 관계처럼 되는 것을 두려워하고 있으며, 그런 감정에는 필순이 문제에 대해 자신이 책임지겠다고 병화에게 언급했던 사실과 사회주의자인 병화가 부잣집 자식인 주인공을 바라보는 시선도 작용하고 있다. 조덕기가 돈을 더 가지고 나오지 않은 것은 생각이 없어서가 아니라 이처럼 그의 머릿속이 복잡한 까닭이다. 필순에 대한 불투명한 연정과 그런 자신을 바라보는 가족과 친구 등의 시선을 생각하면서 머리가 복잡해졌기 때문이다. 필순이 모녀를 맡을까 말까 망설이는 것도 주인공의 그런 복잡한 심리와 관련되어 있다. 파산한 집안의 처녀를 첩실로 들여앉히는 것으로 비칠 가능성 때문에 일방적으로 판단하지 못하는 것이다. 이처럼 조덕기의 내면세계는 순수하게 개인의 의식으로 채워져 있지 않다. 그의 내면세계는 사회와의 관계 속에 복잡하게 얽혀 있다. 염상섭은 이렇게 자신의 소설 속에 개인의 내면세계라는 영토를 개척함으로써 우리 소설의 지평을 넓혔다.

참고 문헌

염상섭, 『만세전』(서울: 문학과지성사, 2005).

염상섭, 『삼대』(서울: 문학과지성사, 2004).

염상섭, 『삼대』(서울: 창작과비평사, 1993).

염상섭, 「민족·사회운동의 유심적 고찰」, 《조선일보》(1927. 1. 1~15).

염상섭, 「생활의 성찰」, 《동아일보》(1920. 4. 6).

권영민 엮음, 『염상섭 문학 연구』(서울: 민음사, 1987).

김윤식 엮음, 『염상섭』(서울: 문학과지성사, 1977).

김 현, 『프랑스 비평사』(서울: 문학과지성사, 1981).

문학사와비평연구회, 『염상섭 문학의 재조명』(서울: 새미, 1998).

한기형·이혜령 외, 『저수하의 시간, 염상섭을 읽다』(서울: 소명, 2014).

홍정선　서울대학교 국어국문학과를 졸업하고 동 대학원에서 박사 학위를 받았다. 1982년 《문학의 시대》를 창간하면서 비평 활동을 시작했으며 계간 《문학과 사회》편집동인을 거쳐 문학과지성사 기획위원과 대표이사를 역임했다. 한신대학교를 거쳐 현재 인하대학교 한국어문학과 교수로 재직 중이다. 저서로 『역사적 삶과 비평』, 『신열하일기』, 『카프와 북한문학』, 『프로메테우스의 세월』, 『인문학으로서의 문학』 등이 있다. 대한민국문학상(신인상), 소천비평문학상, 현대문학상을 수상했다.

떠돌이의 귀향

미당 서정주의 시 읽기

김우창 (고려대학교 명예교수)

1941년 남만서고에서 발행된 서정주의 첫 시집 『화사집』

서정주(徐廷柱, 1915~2000)

1915년 전북 고창에서 태어났다. 1930년 광주학생운동 관련 시위의 주모자로 지목되어 서울 중앙고보에서 퇴학당했고 이듬해 편입한 고창고보에서도 자퇴했다. 1933년부터 작품을 발표하기 시작해 1936년 《동아일보》 신춘문예에 시 「벽」이 당선되어 등단했다. 김동리, 오장환 등과 동인지 《시인부락》을 창간하고 주간을 지내기도 했다. 해방 후에는 서라벌예술대학교, 성심여자대학교, 동국대학교 등에서 가르치고 1979년 정년 퇴임했다.

한국어를 다루는 탁월한 재능으로 평생 꾸준히 시작 활동을 하여 『화사집』, 『귀촉도』, 『신라초』, 『동천』, 『질마재 신화』 등 15권의 시집과 950여 편의 시를 남겼다. 초기 관능적이고 원초적인 시에서 점차 한국적 감정과 토속적 서정을 담은 작품으로 선회하였다.

1 서언 — 미당의 시어(詩語)

미당 서정주 선생이 우리 현대 시사에서 가장 뛰어난 시인의 한 사람인 것은 틀림이 없다. 그의 시는 다른 어떤 시들보다도 독자들의 공감을 불러일으킬 수 있는 한국의 현실을 전달한다. 그의 시는, 이제 다분히 지나간 시대의 현실이 되었다고 하겠지만, 지금도 모든 인식과 정서의 기초에 놓여 있는 우리의 현실의 느낌을 전달한다. 반드시 표면에 드러나는 것이라고 할 수는 없지만, 사실 이 현실을 바르게 파악하지 않고는 어떤 경우에나 진정한 소통 — 감성의 모든 면에 호소하는 소통은 불가능하지 않나 한다. 이것은 가까운 사람들의 교환에서도 그렇고, 정치적인 소통에서도 그렇다.

그의 시적 언어는 한국어가 가지고 있는 표현의 가능성을 최대한으로 알 수 있게 하는 언어이다. 일상적으로도 알 수 있듯이, 어떤 한마디도, 발언의 내용이나 대상, 그에 대한 발언자의 태도, 듣는 사람 또는 예상된 듣는 사람과 발언자의 관계나 태도, 그리고 듣는 사람의 발언의 내용이나 화제에 대한 예상된 태도 — 이러한 것들을 시사하지 않고는 할 수 없는 것이 한국어이다. 이것은 단순히 화법(話法)이나 문법의 문제가 아니다. 발언에 들어가는 요소 하나하나는 발언에 대한 발언자의 감정적 입장을 드러내는 역할을 한다. 그리하여 발언은 발언 대상에 대한 모든 감정을 암시한다. 또는 발언에는 감정의 지표가 들어 있다고 할 수 있다.

그의 시는 무엇보다도 감정이 풍부하다. 그리하여 쉽게 — 독자가 그 의미를 분명하게 이해하기 전에 이미 그것을 전달한다. 그렇다

떠돌이의 귀향

고 그의 시적 언어가 감정을 부풀린 ― 통속적으로 시적이라고 하는 과장된 감정의 언어라는 말은 아니다. 그의 시는 사람과 사람의 세계가 얼마나 감정에 삼투되어 있는 것인가를 알게 한다. 이 감정은 과장된 감정이 아니라 세상을 아는 데에 개입하지 않을 수 없는 인지와 인식의 요인이다. 즉 이 감정의 언어는 사람의 세계 인식에 개입하는 인식적 또는 인지적 감정을 표현한다. 그것은, 미당의 경우, 민족 감정 또는 민속(民俗) 감정의 기층에 놓여 있는 의표(意表)를 움직이는 감정이다. 그리하여 그의 표현은 늘 민속적인 감정 ― 그러면서 한국인에게 사회적 그리고 세계 인식의 매체가 되는 감정을 포함한다. 예를 몇 가지만 들어 본다.

「재롱조(調)」는 제목에 함축되어 있듯이 그러한 민속적 감정을 가장 직접적으로 사회적 소통의 매체로 하는 언어의 시이다.('재롱'은 단순한 의미 전달을 넘어 가는 상호 소통의 매체이다.)

재롱調

언니 언니 큰언니
깨묵 같은 큰언니
아직은 난 새 밑천이
바닥 아니 났으니,
언니 언니 큰언니
三更 같은 큰언니
눈 그리매서껀 아울러

안아나 한번 드릴까.

이 시는 사실 그렇게 해독이 쉬운 시가 아님에도 불구하고, 그 민속조의 언어와 리듬으로 의미 이전에 전달에 성공하는 시이다. 사실 재롱은 내용에 관계없이 인간관계를 전달한다. 사람에 대한 친근감을 "깨묵"에 비교하는 것과 같은 것도 오늘의 상식을 넘어가는 일이지만, 미각이 되었든 다른 감각이 되었든, 일상적 미각, 그 구수한 맛을 상호 관계의 색깔로서 전달한다. 그리고 중요한 것은 그 감정의 색깔이다. "아직은 난 새 밑천이/ 바닥 아니 났으니"—여기의 바닥나지 않은 새 밑천이 무엇을 뜻하는지는 분명하지 않지만, 그것도 토속적 표현인 것은 틀림이 없다. 그것은 아마 인간이 타고난 세계와 인간에 대한 긍정적 태도를 말하고 그 감정이 고갈되지 않았음을 말하는 것으로 보인다. 그것은 단순히 젊다는 것을 이렇게 일상적인 언어로 표현한 것일 것이다. 그러면서도 그것은 사람에게 태어나면서 자산으로 주어지는 친근감이 소진될 수도 있다는 — 비극적이기도 한 인생 관찰을 담고 있다. 시의 후반부도 비슷한 양의성을 가진 것으로 볼 수 있다. 여기의 말의 대상이 되어 있는 '큰언니'를 형용하는 말은 "三更(삼경)"인데, 이것은 상당히 대담하거나 황당한 비유이면서도 전통 사회에서 잘 통용될 수 있는 말이어서 하등의 의아심을 불러일으키지 아니한다. 그것은 물론 깊은 밤을 말하는 것으로서, 이 큰언니가 나이 들고 또 인생의 깊은 경험을 가진 사람이라는 것을 말할 것이다. "눈 그리매서껀 아울러"에서, '눈 그리매'는 눈썹을 말하지만, 눈에 드리워 있는 그림자를 말하는 것일 수도 있다. 그리하여 언니가 인

떠돌이의 귀향

생의 어둠이 서리게 된 사람이라는 것을 뜻할 것이다. 그리고 한 걸음 더 나아가 그러한 연상이 저절로 생기기도 하고, 미당에서 그런 연결이 발견된다고 하겠는데, '눈 그리매'는 '산 그림자'와 연결된다. 멀리서 보는 산이 눈썹처럼 검고 길게 보이기 때문이다. 이 후자의 연상을 보태어 말한다면, 언니는 삼경의 깊은 밤과 함께, 산하의 넓이와 어둠을 품고 있는 사람이다. 젊은 여성으로 생각되는 시의 화자가 — 또는 시인 자신일 수도 있다. — 이 큰언니를 안아 주겠다는 것은, 익숙한 감정적 제스처로써, 그리고 동시에 깊은 철학적인 뜻을 가진 언어로써, 그를 위로하겠다는 것이다. 이 시는 이렇게 극히 일상적이고 토속적인 언어로 되어 있는 민요풍의 시, 그것도 해학조의 시인데, 거기에 담겨 있는 감정으로써 의미를 전달하고 다시 미당의, 삶에 대한 깊은 통찰을 전한다.

시의 소재가 조금 더 격상되는 경우에도 비슷한 조합 — 토속적 감정과 언어 그리고 숨어 있는 깊은 뜻 그리고 자주 해학조 언어의 조합을 볼 수 있다. 다른 예를 들자면, 「고을나(高乙那)의 딸」은 신화의 일상성을 겹쳐 놓은 시이다.

문득 面前에 우슴소리 있기에
醉眼을 드러보니, 거긔
五色 珊瑚采에 묻처있는 娘子

물에서 나옵니까.

46

머리카락이라든지 콧구멍이라든지 콧구멍이라든지

바다에 떠보이면 아름다우렸다.

이것은 「고을나의 딸」의 머리 부분을 기술한 것이다. 해학적이기는 하지만, 이 시의 밑에 들어 있는 것은, 물에서 태어나 조개를 타고 육지로 오는 보티첼리의 그림 「비너스의 탄생」을 생각하게 한다. (물론 전체적으로는 '고을나(高乙那)'라는 이름이 말하고 있듯이, 제주 시조의 신화가 배경이 되어 있다.) 그러나 이것은 신화의 위엄을 지키는 것이라기보다는 보통 사람들의 대화의 어조를 그대로 지니고 있는 서술이다. 시인의 대화 상대는 물론 물에서 나오는 신화적 여성이다. 그러나 이 대화 상대가 등장하기 전의, 이야기의 장면을 설명하는 첫 부분도 고답적이고 대화자가 없는 객관적 서술이 아니라 대화적 직접성을 가지고 있다. 묘사는 여기에서 직접적인 대화조로 인하여 보다 일상 회화의 언어가 된다. 그리고 위 인용의 마지막 묘사를 민속적 차원으로 내려오게 한다. 그리고 그것은 어쩔 수 없이, 사용되고 있는 존대어에도 불구하고, 전통적인 남녀 관계의 위계질서를 느끼게 한다.

한 가지 간단한 예만 더 들어 보기로 한다. 미당은 공적 기회 — 국가적인 기념일이나 기관의 기념일을 위한 시도 적지 아니 썼다. 그것은 그로 하여금 공과 사를 수시로 드나들게 한 외적인 원인들 때문이기도 하지만, 그 자신의 시가 그러한 반(半)공적인 성격을 가지고 있었기 때문이었다고 할 수 있다. 그렇다는 것은 민요적인 성격의 언어 — 사적인 감정을 표현하면서도 이미 공적으로 고착된 언어에 비슷한 것이 미당의 시어(詩語)였다는 말이다. 가령, 동아일보 50주년의

기념 시에서 볼 수 있는 스타일도 위에서 본 시들의 스타일과 크게
다르지 않다.

> 白頭山 天池 위
>
> 새 포장 여는 神市의 하늘에
>
> 참 오랜만의 단군할아버님 웃음소리 들린다.

축시의 시작에 단군이 등장하는 것은 흔한 일이다. 그런데 하늘
이 포장처럼, 또는 연극 판의 장막처럼, 열린다는 것도 그렇지만, 단
군을 참으로 할아버지로서 웃음을 웃는 것으로 그린 것도 토속적 상
상력의 표현이라고 할 수 있다. 단군이 동아일보를 위하여 했다는 말
도 비슷한 그러한 토속성을 갖는다.

> "갓쉬운 된 내 자손 동아일보야,
>
> 네 나이는 겨우 내 나이의 백분의 일이지만
>
> 내가 바라는 것을 너는 덜지않고 다 지켜
>
> 내 넋과 뜻과 피의 보람을 영원에 있게 했구나."

이 동아일보 50주년의 「송시(頌詩)」는 별로 볼 만한 시라고 할 수
는 없지만, 그래도 미당의 시의 흐름을 보여 주는 역할을 한다. 즉 그
의 시는 여기에서도 개인적인 것과 공적인 언어의 융합을 보여 준다.
그리하여 그것은 한국인의 감정적 지각의 공용어의 범례가 된다. 「송
시」에서 단군은 할아버지이다. '단군 할아버지'라는 말은 관습이 된

말이지만, 이 관습 자체가 많은 것을 일상적 감정 반응 —— 여기에서
는 가족에 대한 감정 반응으로 옮겨서 느끼고 생각해야 하는 우리의
지각 반응의 양식을 드러내는 것이다. 여기의 할아버지는, 다른 경우
보다 더, 조금 더 인간적인 평면에서 파악된 할아버지라고 할 수 있
다. 그것은 이것이 엄숙한 공적 계기에 나오는 말이기 때문이다.

「송시」는 말할 것도 없이, 동아일보 기념행사에서 요구되는 바에
따라 쓰인 '행사시'이다. 일반적으로 이런 행사에서, 시상(詩想)의 발
단은 어떤 기회에 있어서의 공식화된 체험 그리고 느낌에서 찾아진
다. 사람과 세계의 관계가 언제나 감정이 개입되는 사건이고, 그 감정
이 관습에서 크게 벗어나지 않는 것이라고 한다면, 미당의 많은 시들
은 그때그때의 계기로 인하여 쓰인 '행사시(occasional poetry)'의 성격
을 갖는다고 할 수 있다. 그러나 이 행사에 개입되는 감정은 관료적으
로 공식화된 것이 아니라, 민속적 차원에서 일반화된 것이다. 단군 할
아버지는 익숙한 표현이지만, 미당에게 그것을 뒷받침하고 있는 것
은 실생활에 실재하는 할아버지와 가족 간의 감정이다. 다시 말하여
그의 시는 외부의 기회에 의하여 촉발되는 감정의 기록이면서 그 감
정은 실생활의 감정이다. 그리고 그것은 새롭게 체험해야 하는 사적
인 감정이 된다. 그리하여야 그것은 극히 사적인 내용을 전달하기도
한다.

그러니까 어떤 감정적 반응의 기회는 그에게 사적인 그리고 공적
인 감정 구성에 대한 새로운 탐구의 계기가 된다. 그리고 그 탐구는
일정한 방향성을 가질 수 있다. 이러한 시적 탐구는 다분히 그의 개인
적인 체험에서 나오는 것이기도 하지만, 그가 살았던 사회에 대한 본

능적 인식에 관계된다. 이런 사유와 관련하여, 의도적인 것이었든 아니었든, 그의 시는 일정한 계획을 드러낸다.

미당의 처음 시작은 관능을 표방하는 서양 문학의 영향하에 이루어진 관능주의였다. 그것은 유교적인 금욕주의에 대한 반발이었다. 그러고 나서 그의 시적 관심은 한국적인 것으로 되돌아온다. 근본적 영감은 자기 고향의 삶이다. 그리고 이것은 다시 한국의 전통문화 ── 특히 신라적인 삶에 대한 탐구가 되고 또 상고 시대의 사회 체제에 대한 성찰이 된다. 다시 요약하건대, 그의 초기 시는 억압 없는 감정의 가능성에 대한 탐구이다. '화사' ── '꽃뱀'은 이 가능성을 집약하는 상징이다. 그다음, 그의 관심은 그 가능성을 적절하게 수용할 수 있는 공동체에 대한 그리고 그 역사적 맥락에 대한 탐구를 향한다. '질마재'와 '신라'는 여기에서 중요한 지표(指標)이다. 질마재는 한국적 감정과 현실의 세계이고, 신라는 그것의 역사적 투영 ── 이상화된 투영이다. 그의 시는 이런 사실적 회고와 역사적 탐색을 위한 계획이다. 그리고 이 기반 위에서, 그것은 감정 존재론의 현상학이 된다. 이하에서는 대체로 이러한 전체 구도에 기초하여 미당 시의 이런저런 특징을 살펴보기로 한다.

2 인생 선언 ── 시인의 삶

미당 서정주 선생은 거의 900편에 가까운 시작을 남긴 다작의 시인이다. 그런데, 사람들에 회자되는 시는 대개 정해져 있다. 「국화(菊

花)옆에서」와 같은 시도 그러한 시겠지만, 아마 제일 유명한 시의 하나라고 할 수 있는 것이 「자화상(自畫像)」일 것이다. 「자화상」은 과연 그럴 만하다. 미당 선생의 시 가운데에서도 그러하지만, 한국의 현대시 가운데 이 시만큼 많은 것을 압축해 가지고 있는 시도 많지 않을 것이다. 시적으로도 뛰어나고 시인의 삶과 심리에 대한 압축되어 있는 기본 정보에 있어서도 추종을 불허한다.

　놀라운 것은 이것이 미당이 26세일 때 나온, 첫 시집의 맨 앞에 실려 있다는 것이다. 시인으로서 출발한 지 얼마 되지 않은 젊은 시인의 첫 시집에 실린 시가 그의 작품 가운데에도 가장 유명한 시의 하나라는 것은 놀라운 일이다. 연보에 의하면 최초로 발표된 시는 미당이 18세였던 1933년 동아일보에 실린 「그 어머니의 부탁」이란 시이고, 이미 시를 발표하기 시작한 다음에, 동아일보의 신춘문예 당선작으로서 뽑힌 것은 1936년 미당의 나이 21세일 때 발표된 「벽(壁)」이라는 제목의 시이다.(신춘문예 당선작이 시인으로 출발하는 최초의 신호가 되는 것과는 다른 것이 그때의 관습이 아니었나 한다. 미당 자신의 말로는 신춘문예에 응모한 것이 아니라 처음에 나온 다른 시들처럼 동아일보에 투고했던 것이 신춘문예 당선작으로 뽑히었다고 한다.) 또 하나 놀라운 것은 미당이 「자화상」을 최초의 시집, 『화사집(花蛇集)』의 첫머리에 놓은 것이다. 그리하여 그것은 마치 시집에 들어가는 관문, 그리고 그의 시집 전체의 방향을 알리는 매니페스토와 같은 역할을 한다. 자신의 시의 방향과 성향을 알고 미당 자신이 이 시를 시집 머리에 붙인 것이다.

　그것을 조금 자세히 읽어 보기로 한다.

自畵像

애비는 종이었다. 밤이기퍼도 오지않었다.

파뿌리같이 늙은 할머니와 대추꽃이 한주 서 있을뿐이었다.

어매는 달을두고 풋살구가 꼭하나만 먹고 싶다하였으나…… 흙으로 바람벽한 호롱불밑에

손톱이 깜한 에미의아들.

甲午年이라든가 바다에 나가서는 도라오지 않는다하는 外할아버지의 숯많은 머리털과

그 크다란눈이 나는 닮었다한다.

스물세햇동안 나를 키운건 八割이 바람이다.

세상은 가도가도 부끄럽기만하드라

어떤이는 내눈에서 罪人을 읽고가고

어떤이는 내입에서 天痴를 읽고가나

나는 아무것도 뉘우치진 않을란다.

찰란히 티워오는 어느아침에도

이마우에 언친 詩의 이슬에는

멫방울의 피가 언제나 서꺼있어

볓이거나 그늘이거나 혓바닥 느러트린

병든 숫개만양 헐덕어리며 나는 왔다.[1]

제목은 자기 자신의 모습을 그린다는 것이지만, 시는 그와 더불

어 자신이 가기로 하는, 앞으로의 길을 선언한다. 선언서의 요지는 무엇보다도 주어진 대로의 자기를 받아들이고, 그것을 근본으로 하여 단호한 결의로 자신의 길을 가겠다는 것이다. "나는 아무것도 뉘우치진 않을란다." 시인은 이렇게 말한다. 그러나 이것은 잘못한 것이 있는데도 뉘우치지 않겠다는 것이 아니라, 밖으로부터 주어진 여러 흠집, 또는 외면으로부터의 규정과 한계를 상관하지 않겠다는 것으로 생각된다.

이 한계 규정에서 큰 것은 사회적 신분이다. "애비는 종이었다." 첫 행은 그의 가족의 사회적 위치를 이렇게 규정한다.(문학의 허구적 현실 구성이 주어진 현실에 일치하는 것은 아니지만, 그것에서 연유하는 것도 사실이다. 필자가 미당 선생에게 "종"의 문제를 물어보았을 때, 선생은 종이라는 것은 사실이 아니라고 말하였다. 이것은 자서전에도 나오고, 실제 미당의 부친이 김성수 선생 부친 김기중(金祺中) 댁의 농감(農監), 즉 마름이었다는 것은 널리 알려진 사실이다.)

이 시의 처음에 나오는 선언은 많은 사람들에게 놀라운 것이었을 것이다. 사람들이 자신의 집안 내력을 말할 때는, 명문 집안임을 내걸고 자랑하려는 것이 보통이다. 그에 대하여 이것은 노비(奴婢)라는 천한 지위를 밝힌다. 농감보다 더 낮은 지위를 선택하여, 그 낮음을 강조한 것이다. 또 놀라운 것은 언어이다. 자신의 아버지를 말할 때, "애비"라고 말하는 것은 관례상 허용될 수 없는 말이다. "애비"라고 한 것은 선언의 도전적인 성격을 두드러지게 한다. 지금도 그러하지만, 당대의 독자에게 이 언어의 단호함은 그 자체로도 충분히 주의를 끄는 것이었을 것이다. 다음에 나오는 "어매"나 "에미"란 말도 비슷한 효과를 갖는다고 할 수 있다. 다만 여성의 신분의 낮음을 생각할 때, 그 말의 충격은 조금 덜했을 것이다.

처음에 나오는 선언은 강한 사회의식을 드러내 준다. 미당은 이 시를 쓰기 전에 마르크스주의, 사회주의, 빈자와의 공감을 보여 주고 자 하는 생활을 시험한 바 있다. 그러나 여기 보는 신분 의식에도 불 구하고, 시는, 당대나 훗날의 사회의식의 시와는 달리 이데올로기적 또는 구호적인 사고에 빠지지 않는다. 그의 선언은 이데올로기가 아 니라 신분 사회에서 생기지 않을 수 없는 개인적 상처를 드러낸다. 다 음으로 연속되는 시구는, 그의 가족 환경을, 매우 간략하면서도 실감 나게 이야기한다.

> 파뿌리같이 늙은 할머니와 대추꽃이 한주 서 있을뿐이었다.
> 어매는 달을두고 풋살구가 꼭하나만 먹고 싶다하였으나…… 흙으로 바 람벽한 호롱불밑에
> 손톱이 깜한 에미의아들.
> 甲午年이라든가 바다에 나가서는 도라오지 않는다하는 外할아버지의 숯많은 머리털과
> 그 크다란눈이 나는 닮었다한다.

당대의 독자들에게도 그러하였겠지만, 지금의 독자는 이야기되 어 있는 가족이 3대를 포함하는 대가족이었음을 특히 의식하게 된다. 이것은 당대의 관습이기도 하지만, 낮은 신분에도 불구하고 집안은 그 나름으로 안정된 것이었음을 느끼게 한다. 묘사는 가족의 모습을

간략하게, 그러면서 그 삶의 모습과 조건을 짐작할 수 있게, 전달한다. 할머니의 모습의 백발을 묘사한, 흔한 비유이기는 하지만, "파뿌리"는, "한주"만 서 있는 대추나무(대추꽃은 대추나무를 말하는 것으로 생각된다.)와 병치되어 노쇠한 인상을 강화한다. 어머니가 먹고 싶어 하는 "풋살구"는 아마 임신을 시사하는 것일 것이다. 반드시 개인사에 관련하여 읽을 필요는 없지만, 5남 2녀 중의 장남으로 태어난 미당은 임신하는 어머니를 자주 볼 수 있었을 것이다. 그러나 아이의 출산이 많았던 가족 상황은 개인적인 것이면서도, 당시의 가족 상황에 일반적으로 맞아 들어가는 것이기도 하다.

흙벽, 호롱불, 시인의 까만 손톱 등은 당시의 삶의 일반적인 환경을 말한다. 그것은 빈곤 그리고 청결하지 못한 신체의 상태를 나타내는 것이면서도, 자연 속의 삶을 느끼게 한다. 마지막으로 외할아버지는 바다에 나갔다가 돌아오지 않게 된 뱃사람이라는 말이 있다. 물론 성장 환경을 간단히 말하는 마지막에 이 말이 나오는 것은 시인 자신의 모습이 외할아버지를 닮았다고 말해지기 때문이다. 외할아버지의 운명은 동시에 여러 가지 것을 연상하게 한다. 하나는 시인의 외모가 외조부를 닮은 것처럼 그의 삶도, 신분상으로나 또는 운명으로나 외조부의 삶에 비슷할 것이라는 예감이다. 그러나 외조부의 불운은 무엇보다도 이들의 삶이 자연과의 투쟁 속에 펼쳐지는 삶이라는 것을 암시한다. 그것은 앞에 이야기된 가족의 삶을 총괄한다. 그것은, 벗어날 수 없는 형편이기 때문에, 또는 본래 사람의 삶이 그러한 것이기 때문에, 자연의 사물들 또는 그 속의 삶의 기구들 ─ 파뿌리, 대추나무, 흙벽, 호롱불, 흙과 때가 낀 몸 ─ 이러한 것들을 장지하고 있는 삶을 요약하는 것이다. 그리하여 전체적으로 어린 시절의 삶의 환경이 어려운 것이었기는 하나, 그 원인은 사회적인 것보다는, 자연 속의 인간의 운명이 그러한 것이었다는 것을 그려 낸다. 여러 가지로 시사된, 가족의 삶을 에워싸고 있는 자연은 묘사를 사회적인 데에서 끌어올려, 이 시에 시적인 공명감을 더해 준다.(바다에 나갔다 돌아오지 않는 할아버지는 이 부분의 서사(敍事)를 넓은 자연으로 열고 거기에 깊이를 준다. 그리하여 필자의 개인적인 인상이겠지만, 그 인상은 20세기 초의 아일랜드 작가 J. M. 싱의『바다로 가는 기수(騎手)들』의 인상에 비슷하다. 이 단막극의 이야기는 주어진 대로의 운명을 용기를 가지고 받아들이고 사는 사람들의 이야기, 그러면서 그 비극적인 순응에서 해방감을 느끼게 하는 이야기이다.)

시의 다음 부분에는, 위와 같은 주어진 운명의 세계를 그린 데 이어서, 자신의 삶을 일괄하는 진술이 나온다. "스믈세햇동안 나를 키운건 八割(팔할)이 바람이다." 여기의 바람은 몇 가지로 읽을 수 있다. 하나는 흔히 '바람났다'고 할 때의 바람을 말한다고 할 수도 있고, '바람 부는 대로' 방랑하는, 미당이 자신을 가리켜 자주 쓰는 말이 된, '떠돌이'로 사는 것을 말한다고 할 수도 있다. 다른 한편으로 그것은, 앞에서 호롱불을 지키는 "바람벽" 이야기가 나오는데, 벽이 없이 외부의 영향에 노출된 삶을 말할 수도 있다. 외조부가 바다에 나갔다가 돌아오지 않은 것은 풍랑에 침몰한 배를 탔기 때문이다. 그리하여 다시 한 번 바람은 밖에서 불어오는 바람을 가리킨다. 결국 이 모든 연상들이 겹쳐서 떠돌이로 살아온 것이 23세의 자신의 삶이라고 시인은 결론을 내리는 것이다.

자전적 사실──사회주의 실험　시를 지나치게 개인적인 사연을 넣어 읽은 것은 시를 죽이는 일이라고 하겠지만, 그것을 참조하면, 미당은, 시에 나오듯이 23세에 불과했지만, 그때까지 그 나름으로, 적지 않은 풍파를 겪은 삶을 살았다고 할 수 있다. 그는 학교를 고창과 서울 사이에서 몇 번을 옮긴다. 중학을 고창에서 중앙고보로 옮긴 것은 김성수 집안에서 세운 학교로 가려는 때문이다. 다시 고창으로 간 것은 광주학생운동 사건 기념행사에 연루되어 구속되었다가 석방된 때문인데, 다시 학교 내에서 백지 동맹 등의 문제를 일으켜 고창고보도 자진 사퇴 형식으로 그만두게 된다. 그에 이어, 그는, 법적으로 그렇지 않다고 하여도, 윤리 도덕의 관점에서는 범죄적인 일 두 가지를 저지른다. 그는 종조부를 찾아가서, 아버지 소송 비용을 갚아야 한다는 거짓말을 하여 소를 팔게 하고 그 자금으로 친구와 함께 서울로 여행을 하고 고향으로 다시 돌아온다. 그런 후 다시 아버지의 반닫이에서 300원을 훔쳐 서울로 간다. 이러한 범죄적 또는 비윤리적인 행위와 방랑의 뒤에 있는 동기는 분명하지 않다.

그가 사상적으로 정신적인 방황을 계속하고 있던 것은 알 수 있다. 그는 중앙고보 재학 시에 사회주의 관련 서적들을 읽고 하숙을 빈민촌으로 옮겨 그의 사회주의적 관심을 현실로 시행해 보기도 하였으나 그에 이어 곧 장티푸스에 걸려 죽을 고비를 넘기게 된다.

사회주의자의 꿈을 벗어나게 되는 사정은, 지나치게 긴 샛길로 들어서는 것이 되지만, 조금 더 생각해 보는 것이 미당의 이데올로기적 위치를 짐작하게 한다.(오늘의 한국인은, 그전에도 그렇지만, 이데올로기적 강박 관념을 가지고 있어서, 사람을 보면, 그를 좌우 또는 다른 색채에 비추어 보아야 한다.) 미당은 고등 보통학교에서 여러 문제를 겪고 있던 무렵 세계 문학 독서에 경주되어 있었는데, 미당이 사회주의를 벗어나게 되는 것은 고리키의 단편들과 투르게네프의 『그 전날 밤』을 비교하여 읽다가 후자를 선택하는 것이 옳다고 결정한 때문이라고 한다.[2] 얼른 납득하기 어려운 설명이지만, 자서전에 나오는 다른 설명을 보면, 조금은 더 이 설명은 이해할 만한 것이 된다. 사회주의에 경도된 시절에, 미당은 고리키의 전집을 빼지 않고 읽어 내려갔다. 그는 고리키의 『어머니』, 『배반자』, 『40년』, 아메리카 여행기, 그 외에 단편들을 읽는다. 한 단편에서 그는 공산주의자 주인공이 간통하는 아내를 두고 고독하게 공원 벤치에 앉아 얼어 죽을 지경이 되는 것을 본다. 고리키의 이 단편을 읽다가, 그는 투르게네프의 『그 전날 밤』을 상기한다. 그리고 두 작가를 비교하게 된다. 이때의 감상을 그는 다음과 같이 이야기한다.

사회주의를 가지고는 남녀의 표정 하나도 어쩔 수는 없는 데 생각이 미쳤고, (사회주의를 멀리하게 된 사정을 말하면) 투르게네프의 『그 전날 밤』의 인상은 막심 고리키의 그 따분하고 맛없는 입심과 연설 위에 훤칠히 솟는 꽃 수풀처럼 비교도 안 될 만큼 재미있는 것이었기 때문이었다.

미당은 두 작가를 비교하면서, 거기에서, 이념과 감각적 삶의 풍요함 그리고 그 현실성의 대비를 본 것이다. 그는 또 말한다. (이미 위에서 말한 바, 공원의 벤치에서 얼어 죽을 각오를 하는 사회주의자의 마음속에 들어 있는) "성 문제를 동지애로써 극복해야 한다는 (고리키의 추상적) 관념"[3]에 혐오를 느꼈다는 것이다.

불교 수양　사회주의 실험 이후에도 미당의 방랑은 계속된다. 이틀에 불과한 것이었지만, 넝마주이도 시도하고, 석전(石顚) 박한영(朴漢永) 스님의 지도하에 학승이 되어 수련에 참가하기도 한다. 승려가 될 만하지 않다는 석전 스님의 판단과 권유로 미당은 중앙 불교 강원, 불교 전문학교에 입학한다. 그러나 곧 휴학하고 얼마 지나지 않아 퇴학한다. 이러한 헤맴은 아마 정신적 방랑이라고 해석할 도리밖에 없을 것이다. 그러나 그 방랑은 문학에 대한 집착 — 시인이 되겠다는 확인되지 않은 선택으로 뒷받침되는 — 심리적으로 일정한 보장이 있는 헤맴이었다고 할 수 있다. 고리키와 투르게네프, 두 러시아 작가 사이를 비교하면서, 사회주의를 버리고 문학을 선택하였다고 하는 데에서 그것은 예시되었던 일이다. 미당의 방랑은 문학으로 끝난다. 다만 문학은 그 자체로 어떤 가치의 중심을 찾는 일에 관계되기 때문에, 그의 방랑은 일정한 길에 들어섰으면서도, 거기에 들어 있던 탐구 그것이 끝난 것은 아니다.

> 스물세햇동안 나를 키운건 八割이 바람이다.
> 세상은 가도가도 부끄럽기만하드라
> 어떤이는 내눈에서 罪人을 읽고가고
> 어떤이는 내입에서 天痴를 읽고가나
> 나는 아무것도 뉘우치진 않을란다.

시인의 스물세 해는 바람의 여정이었다. 그것을 그는 다시 설명한다. 그러나 그 설명은 객관적이라기보다는, 또는 분명한 이미지로 형상화되기보다는 주관적인, 또는 혼자만 아는, 느낌을 간접적으로 비출 뿐이다. 세상이 부끄럽기만 하다는 것은 무슨 뜻인가? 자신이 돌아본 세상이 떳떳하지 못한 것이라는 말인가? 나라가 일제 치하의 식민지이기 때문에 부끄러운가? 사회가 정의롭고 밝은 곳이 되지 못하기 때문인가? 또는 세상이 부끄럽다는 것은, 내놓을 만한 것이 없어서 세상 앞에서 자기를 내놓기가 부끄럽다는 말인가? 뒤로 이어지는 구절을 보면, 내놓을 것이 없어서 부끄럽다는 것이 맞을 것으로 생각된다. 세상이 보기에 시인은 죄인이기도 하고 천치이기도 하다. 여기의 죄는 위에서 언급한, 거짓말로서 종조부의 소를 팔게 하여 그 돈을 차지하고, 아버지의 돈을 훔치고 한 것을 말한 것인가? 천치는 웬 천치인가? 세속적인 관점에서 볼 때, 미래의 삶을 위하여 공적 교육을 태만히 하고, 직업적 자격 획득을 포기했다는 점에서 천치인 것은 사실이라고 할 수 있다. 미당은 가정 교사 등의 일을 하다가도 금방 그만두고, 「자화상」 이후, 『화사집』 직전, 만주의 양곡 회사에서 일하던 것도 두어 달 만에 끝내고 만다. 이것도, 적어도 세속적인 관점에서는, 어리석은 일, 바보 같은 일이라고 할 것이다. 그럼에도 불구하고 아버지의 후원은 계속된 듯하고, 「자화상」이 쓰인 다음 5년 후이지만, 그는 아버지의 사망으로 유산을 물려받는다. 그러니까 그가 살펴볼 수 있는 환경 조건이, 생계를 위한 특별한 준비를 요구하는 것이 아니었다고 할 수도 있다.

그러나 청년 미당의, "죄인" 그리고 "천치"의 인상은 대체로 그의 비세속적인 또는 보기에 따라서는, 데카당으로서의 또는 보헤미안의 삶 — 예술에 사로잡힌 삶에서 온다고 말할 수 있을 것이다. 이러한 인상에 대하여 또 그 뒤에 있는 자기의 인생 지향에 대하여 뉘우칠 것이 없다고 시인은 말한다.(뉘우칠 것이 없다는 것은 가문의 낮은 사회적 신분을 두고 말한 것일 수도 있다.) 다시 말하여, 바보 같고 천치 같은 삶을 정당화하는 것은 그가 쓰는 시 또는 시를 쓰겠다는 마음 그리고 시인이 되겠다는 결심이다. 그 자신 시에서 그렇게 말한다.

> 찰란히 티워오는 어느아침에도
> 이마우에 언친 詩의 이슬에는
> 멫방울의 피가 언제나 서꺼있어
> 볓이거나 그늘이거나 혓바닥 느러트린
> 병든 숫개만양 헐덕어리며 나는 왔다.

아침에 일어나면, 밤중에 생각된 또는 쓰인 시가 있다. 아침은 찬란하지만, 그것은 밤 동안의 시적 노작과 대조된다. 또는 밤의 노동으로 하여, 그리고 그 결과물로 하여, 아침은 더욱 빛나는 것으로 느껴지는 것일 수도 있다. 시의 노동의 괴로움과 정열은 머리에 맺힌 땀방울로 알 수 있다. 거기에는 핏방울이 섞여 있다. 그것은 빛나는 이슬과 같다. 태어난 집안의 사정, 세상의 경멸, 이러한 것들은 결국 그를 시인이 되게 하는 여러 요인으로 환원된다. 또는 그러한 것들을 물리칠 수 있는 명분이 된다. 그러나 다시 한 번 말하여, 거기에 이르는 그의 모습은 병이 들고 힘에 겨워 혀를 늘어뜨리고 가는, 빛과 어둠을 가리지 않고 계속 자신의 길을 쫓아가는 수캐와 같다. 시를 쓸 수밖에 없는 것이 그의 운명이지만, 그 운명이 그다지 영광스러운 것은 아니

떠돌이의 귀향

라고 미당은 생각했다고 할 수 있다. 그것은 세속적인 관점에서 그렇다는 것이기도 하고 또 스스로 시가 만족할 만한 것이 되지 않는다는 느낌으로 하여 그렇다는 것인지도 모른다. 나중에 그의 친구가 지어 준 것이지만, 일생 지니고 다닌 그의 아호(雅號) 미당이 이 불만족을 표현한다고 할 수도 있다.

3 꽃과 뱀의 모순과 일치 ― 시「화사」

핏방울 섞인 이슬처럼 이마에 맺히는 시는 어떤 것인가? 앞에서 비춘 바와 같이 사회적 정치적인 관심이 없었던 것은 아니면서, 그것을 물리치고 난 다음 시인의 마음의 관심은 어떤 모습의 것이었는가? 1983년 민음사 간(刊)의 『미당 서정주 시 전집(未堂 徐廷柱 詩全集)』의 서문에서 ― 이 책은 그의 나이 68세에 나온 것이지만 ― 자신의 시작을 늦출 생각이 없다는 뜻을 다짐하면서, 미당은 그가 목표하는 것이, "인생의 간절한 것들을 늘 추구하고 또 추구하는" 것이라고 말한다. 이것은 아마 젊은 시절에도 생각했던 것이라 할 것이다. 시 창작의 핵심이라고 그가 생각한 것은 "인생의 간절한 것들"에 대하여 써야 한다는 것이고, 이 "간절한 것들"이란 외면적인 것보다는 마음에 절실하게 호소하는 것들을 말하는 것일 것이다. 앞에서 언급한바 그로 하여금 사회적 정치적 사상적 관심을 버리게 한 동기도 그에게 "인생에 간절한 것들"이 시의 핵심이었기 때문이었을 것이다.

『화사집』에서 맨 먼저 눈에 띄는 것은 육체적 자각이다. 시집 출판 무렵의 나이로 보아 당연한 것이라고 할 수 있다. 거기에는 자신이 말하고 있듯이, 보들레르, 베를렌 등의 서구 시의 영향이 크게 작용하였다고 할 수도 있다. 그러나 그것은 더 복잡한 사연을 가지고 있다고 보아야 한다. 이것은 나중에 다시 살펴보도록 하겠다. 이 시점에서 그의 육체적 자각은 물론 성적 자각을 말하지만, 동시에 육체에 끓어오르는 생명력에 대한 자각으로 읽을 수 있다.(성적 자각은 「자화상」에서 자신을 유기견에 비교하면서 "숫개"라고 개의 성을 밝힌 데에서도 감지할 수 있다.) 마음에 솟는 생명의 힘은 여러 형태로 변주되는 폭력적 표현이 된다. 성의 자각도, 폭력적 성격과 결합한다. 물론 성적 자각, 젊은 힘의 분출은 불확실한 장래에 대한 전망 그리고 거기에 얽혀 있는 — 어두워 보일 수밖에 없는 정치 사회의 사정으로 하여, 난폭한 성격을 가지게 된다고 할 수 있다. 물론 이러한 난폭성의 감정과 언어 표현이 그렇다는 것은 현실에서 그렇다는 것은 아니나, 이러한 어려운 사정들이 그가 자신의 시를 핏방울이 섞인 이슬이라고 말하게 한 것일 것이다.

육체적 자각이 폭력적 심리의 분출에 연결됨은 이미 말하였지만, 그것은 그 외에도 여러 가지 복합적인 연계를 갖는다. 이 복합성을 제일차로 집약하여 표현하는 것이 시집의 제목, 「화사」 — 꽃뱀의 이미지이다. 미당이 만들어 낸 것은 아니지만, 이 말은 아름다움의 표지인 꽃과 혐오의 대상인 뱀을 합친 말이다. 이 기이한 결합은 보들레르의 대표적 시집의 제목, 『악의 꽃』에 유사하다. 시의 주된 메시지는 슬픔의 원인이 배경에 있어서 이러한 모순의 결합이 생겨나고, 이 배경의 슬픔을 해소하는 것은 폭력으로 가능하다는 것이다.

떠돌이의 귀향

麝香 薄荷의 뒤안길이다.

아름다운 베암…….

을마나 크다란 슬픔으로 태여났기에, 저리도 징그라운 몸둥아리냐

　시의 화자가 뱀을 발견하는 것은 큰길이 아니고, "뒤안길"에서이
다. 이 뒤안길은 "사향"과 "박하"와 같은 관능적 유혹의 향내가 나는
비밀의 통로이다. 첫 구절은 인생에는 숨은 비밀이 있다는 것을 암시
한다. 이 시가 바야흐로 이 비밀을 밝히려 하는 것이라는 것을 알게
한다. 뱀은 슬픔 속에서 ── 말하자면 저주 속에서 태어났다. 슬픔의
한 원인은 분명치 않지만, 말을 잊었다는 것이 그 원인의 하나일 것이
다. 이런 슬픔에도 불구하고 뱀은 마치 아무 일도 없었던 듯한 세계에
존재한다.

　꽃다님 같다.

　너의할아버지가 이브를 꼬여내든 達辯의 혓바닥이

　소리읽은채 낼롱그리는 붉은 아가리로

　푸른 하눌이다. ……물어뜯어라, 원통히무러뜯어.

　위 시구는 일견 문법적으로 전후가 잘 이어지지 않다. 문제는 "푸
른 하눌이다."인데, 이것을 앞뒤로 이어지는 문장의 중간에 들어 있는
말 ── 감탄의 호격(呼格)으로 보면, 문맥은 풀리게 된다.(미당은 토속
언어, 구어적 구문을 자유롭게 시 속에 편입하여, 우리 현대 시의 시적 언어의
발전이라는 점에서, 크게 기여했다.) "꽃다님 같다." 뱀은 아름다운 장식

이 되어 버렸다. 그러나 뱀은 본래 그러한 장식이 아닌, 주인공, 즉 선악을 넘어서 또는, 성경의 신화에 따르면, 이브로 하여금 하느님의 말씀을 어기고 미각의 쾌락을 즐길 수 있게 한 존재이다. 그 결과 뱀은, 그 긴 혀에도 불구하고 "達辯(달변)"의 능력을 상실했다. 꽃다님으로 전락한 신분도 그러하지만, 푸른 하늘도 이 본래적인 삶의 에너지 또는 악의 존재를 무시하는 현상이다.(언어를 잃는다는 것은 보다 단순하게 해석하면, 사회 문화적 테두리 안에서 억압의 대상이 되고 자기표현이 불가능한 것이 되었다는 것을 말한다.) 어쨌든 다른 자기표현이 불가능한 뱀은 하늘을 물어뜯어야 한다. 폭력은 언어 표현을 대신한다.

     다라나거라. 저놈의 대가리!

돌 팔매를 쏘면서, 쏘면서, 麝香 芳草ㅅ길
저놈의 뒤를 따르는 것은
우리 할아버지의안해가 이브라서 그러는게 아니라
石油 먹은듯…… 石油 먹은듯…… 가쁜 숨결이야

바눌에 꼬여 두를까부다. 꽃다님보단도 아름다운 빛……
크레오파투라의 피먹은양 붉게 타오르는 고흔 입설이다…… 슴여라!
베암.

우리순네는 스믈난 색시, 고양이같이 고흔 입설…… 슴여라! 베암.

시의 화자는 꽃뱀을 쫓아간다. 그 의도는 착잡하다. 일단 뱀을 쫓는 것은 뱀이 거기 있기 때문이라는 인상을 준다. 그러나 뱀은 혐오감을 주는 존재이다. 뱀이 성적인 의미를 가지고 있음은 자명하다. 그의 마음과 몸에 솟는 성적 에너지도 쉽게 근접할 수 없는, 해서는 아니 되는, 금지된 충동이다. 뱀을 쫓아가는 것은 자신의 심정에 타오르고 있는 이 금기된 정열이 있기 때문이다. "석유 먹은 듯"하다는 것은 이것을 말하는 것으로 생각된다. 석유는 불을 밝히는 또는 난방을 위한 연료로 취해야 할 것으로 보인다.(이 시가 쓰인 1930년대 말에 석유는 불 밝히는 데에 쓰였을 것이나 난로의 연료로 쓰였는지는 확실치 않다.) 마음에 이는 불꽃을 석유 먹은 상태에 비교하는 것은 상상할 수 있다. 그러나 석유를 마시는 것이 정상적인 행위는 아니었을 것이다. 그것은 그 자체로 이미 혐오스러운 일이다. 시 전체에서 이야기되는 심정과 행동이 모두 그렇듯이 추적자의 타오르는 정염(情炎)은 강박적인 것이다. 전체적으로 그의 행동은 강박해 오는 모순된 의지의 표현이다. 그는 뱀에게 돌을 던진다. 그러면서 달아나라고 한다. 이것은 모순된 요구이다. 그러면서 궁극적으로는 뱀과 동작을 같이하고, 그에 공감한다. 첫 부분에서 그랬듯이, 그것을 단순한 공감으로 표현하는 것은 아니면서도, 추적자는 뱀의 매력에 빨려 들어가고, 뱀의 행위에 동참하는 것이다. 뱀은 그의 몸에 매력을 더할 장신구가 될 성싶기도 하다. 그것은 허리에 두를 띠 같기도 하고, 다님 같기도 하다고 시인은 말한다.(이제 다님은 주체를 찾았다. 그래서 적극적인 의미를 갖는다.)

뱀과 추적자의 관계는 그다음의 비유적 표현들에서 더욱 착잡한 것이 된다. 여인들의 입술은 뱀과 어떤 관계를 갖는 것인가? 클레오파트라의 고운 입술이 이야기되는 것은 뱀의 모습이 그러한 입술을 연상하게 하기 때문인가? 그렇게 말할 수도 있을 것이다. "크레오파투라의 피먹은양 붉게 타오르는 고흔 입설이다"라는 문장의 주어는 뱀일 것이기 때문이다.

그러나 여기에 클레오파트라가 나오는 것은, 틀림없이 권력과 애정을 두고 일어난 착잡한 싸움에서 패배한 이집트의 여왕 클레오파트라가 마지막으로 스스로를 독뱀에 물리게 하여 자살했다는 전설을 연상하는 때문일 것이다. 시에 이야기된 뱀은 클레오파트라의 입술을 물고, 그를 죽음에 이르게 할 수도 있을 것이다. 그렇다면, 뱀과 클레오파트라는 서로 적대 관계에 있다. 그리고 이 관계에서, 이집트의 클레오파트라의 이야기에서와는 달리, 뱀에 대하여 클레오파트라는 강력한 적수라고 할 수 있다. 클레오파트라는 "피먹은양 붉게 타오르는 고흔 입설"을 가지고 있지 아니한가? 이집트의 클레오파트라는, 뱀에게, 스스로 물리기를 자원한, 강한 의지의 여성임에 틀림이 없다.

뱀과 클레오파트라를 대결의 관계로 — 죽음에 이를 수 있는 대결의 관계로 읽는다면, 원문의 문맥도 달리 해석되어야 한다. "바눌에 꼬여 두를까부다. 꽃다님보단도 아름다운 빛…… / 크레오파투라의 피먹은양 붉게 타오르는 고흔 입설이다…… 슴여라! 베암"에서, 시인은 뱀을 아름답다고 하다가, 클레오파트라의 입술을 이야기하여, "고흔 입설이다"라고 한다. 앞에서 우리는 "푸른 하눌이다"라는 구절을 간투사(間投詞) — 감탄을 표현하면서, 사이에 끼어든 말로 해석하였다. 그에 비슷하게 "고흔 입설이다"는 "꽃다님보다도 아름다운 빛"과 "슴여라! 베암"이 두 구절 사이에 끼어 있는 말로 해석하여야 하지 않을까? 그러니까 뱀을 추적하던 시인은, 거기에 클레오파트라가 있다는, 특히 피 먹은 양 불타는 입술을 가진 클레오파트라가 거기 있다는 것을 주목하고, "슴여라! 베암" 하고 경고하는 명령어를 발한다고 할 수 있다.

"슴여라"는 무엇을 말하는가? 앞의 문맥과의 관계에서, 클레오파트라에 대한 이야기가 조심해야 한다는 간투사를 발한 것이라면, 국어사전에도 없는 이 말은 "숨어라"—숨으라는 말로 뱀이 조심해서 취해야 할 행동을 지시한 것으로 해석할 수 있다. 또는 "스며라"는 뜻이라고 한다면, 그것은 스며들라는 말이 되고, 삼투하라는 말이 된다. 즉 대결할 것이 아니라 스며들듯이 하나가 되라는 것이다. 이렇게 보면, 여기의 문장은 앞에서 푸른 하늘을 말하고 그것을 물어뜯으라고 하였던 것에 대조된다. 즉 "물어뜯어라"라는 말에 대조하여, "스며라"라는 명령을 발한 것이다. 이렇게 보면, 여기의 문장은 앞부분의 문장과 완전히 같은 구조를 가진, 병행되는 문장인 것을 알 수 있다. 이것은 시인이 의도한 것일 것이다.

이러한 대조적 구조는 결구(結句)의 수사법에도 들어 있다. "우리 순네는 스믈난 색시, 고양이같이 고흔 입설…… 슴여라! 베암." 이 앞까지는 뱀의 이야기였지만, 이 부분에서 주체는 갑자기 "우리 순네"가 된다. 스물이 된 순네는 뱀이나 클레오파트라와는 달리, 멀리 있거나 멀리 느껴지는 존재가 아니라, "우리" 순네이다. 클레오파트라의 입술이 이야기되었듯이 순네의 입술도 이야기되지만, 그것은 "피먹은양 붉게 타오르는 고흔 입설"이 아니라 "고양이같이 고흔 입설"이다. 순네의 입술은 달리 온순한 고양이의 입술 같은 것으로 이야기되고 있는 것이다. 그리하여 뱀도 물어뜯는 것이 아니라 숨든지 스미든지 하는 것이 마땅하다.

첫 부분에서 화사는 폭력적 존재이다. 그러나 마지막에 와서 뱀은 온순한 존재 — 스스로를 거의 드러내지 않는 존재가 된다. 처음에 추적자는 뱀과 적대적인 관계에 있다가 죽음을 무릅쓰고 또는 그것을 위하여 뱀을 가까이 하게 된 클레오파트라의 모습을 상기하게 되어 뱀에게 폭력적 적대 관계를 포기하도록 종용한다. 그러다가 클레오파트라보다 더 양순할 것임이 틀림이 없는 순네에 이르러서는 뱀의 폭력은 완전히 사라지고 만다. 그리고 이 과정에서 뱀을 추적하던 화자 또는 시인의 태도도 모든 것에 대한 화해의 자세로 바뀐다고 할 수 있다.

「화사」는 사랑의 과정을 말한 시이다. 처음에 나오는 "麝香(사향) 薄荷(박하)의 뒤안길"은 이런 저런 폭력적 요소에 대한 언급에도 불구하고, 모든 일이 처음부터 향기로운 낭만적인 환경에서 벌어지는 일임을 시사한다. 이것이 사랑의 배경 또는 무대이다. 그렇기는 하지만, 사랑은 서로 다를 수밖에 없는 두 사람 사이에, 그러니까 경계하는 또는 적대할 수도 있는, 마음에 의하여 단절되어 있는, 두 사람 사이에서 시작한다. 그러나 그것은 서로 하나가 되는 것으로 끝난다. 그런데 이 시의 특징은 이러한 사랑의 관계를 극히 관능적으로 그렸다는 데에 있다. 뱀이 성기의 상징이라는 것은 쉽게 전달된다. 그것은 소유자에게도 난감한 폭력적인 에너지를 나타내지만, 언어의 표현을 잃은 것과 같이 스스로의 욕망을 실현하거나 표현하지 못할 때의 상태가 그러하다. 그것은 입술 속에 스며듦으로써 — 욕망을 달성함으로써, 평화한 상태로 돌아가고, 서로 낯선 사람들이었던 사람들을 하나로 묶어 준다.

「화사」를 이렇게 읽는 것은 그것을 논리적으로 해석한 것이다. 이 논리는 시의 여러 부분을 하나하나 따져 읽음으로써 끌어내어진 논리이다. 그런데 시를 이렇게 따져서 읽는 것은 시의 참재미를 잃어 버리는 것이 될 수도 있다. 그리하여 우리는 참으로 이 시가 이러한 의미를 가지고 있는가 하는 의문을 가질 수 있다. 우리는 시인으로서 의 미당만을 생각하여, 치밀한 사변을 펼칠 수 있는 사람이 미당이라 는 것을 쉽게 잊어버린다. 그러나, 시인의 사변적 능력을 감안하지 않 더라도, 우리의 감각 그리고 지각 체험은 그것을 충실하게 그리는 경 우 일정한 이성적 질서를 드러낸다. 그리하여 구태여 시를 일일이 논 리적으로 또는 사변적으로 구성하지 않더라도 그것을 분석적으로 이 해하면, 원초적 지각 체험이 가지고 있는 숨은 논리가 드러나게 된다. 『화사집』의 시를 비롯하여, 그 우선적인 호소력이 그 관능적인 개방 성에 있다는 것은 틀림이 없다. 그러면서 그것은 지각 체험이 가지고 있는 사변적 구조를 알 수 있게 한다. 그리고 많은 뛰어난 예술 작품 이 그러하듯이, 숨은 논리는 예술의 효과를 심화한다.

4 관능의 세계 ─ 『화사집』

관능의 모순

『화사집』의 시들은, 대체로, 「화사」에서 보는 바와 같이, 성의 쾌 락 또는 열광을 주제로 한다. 그리고 그 성은 타자에 대한 그리고 자신에 대한 폭력과 아름다움의 개화(開花)를 하나로 종합하는 매체로 파악된다. 다시 말하여, 성의 아름다움은 상충하는 에너지들의 폭발에서 일어나는 현상이다. 여기의 성의 묘사에는 아무런 금기도 없다. 적어도 여기의 성에는 선악이 겹쳐 있고, 그것은 그대로 받아들여진다. 금기를 깨트리는 행위의 엄청남이 이 시들에서 한국의 현대 시에 달리 볼 수 없는 격렬한 효과를 만들어 낸다.

주목할 것은 금기의 파괴가 미당 개인의 모험이면서, 그의 고향의 이야기들을 말하는 자전적인 시와 산문들에서 볼 수 있듯이 전통적 문화의 일부라는 점이다. 금기와 그 파괴가 병존 교차하는 것이 그의 고향의 전통적인 문화였던 것 같다.(다만, 이 파괴는, 병존이 허락되어 있는 만큼, 그렇게 폭력적인 것은 아니다. 금기의 약화는 폭력을 약화시킨다.) 가령, 간통, 간통까지 이르지는 않는 남녀 간의 상사(相思), 자신의 뜻에 맞는 것이기도 하고 어긋나는 것이기도 하는, 귀신 남편과의 동거 — 이러한 것들은 질마재 고을의 이야기의 여기저기에 삼투되어 있는 일화들이다.[4] 그리하여, 뒤에 다시 이야기하겠지만, 미당의 관능주의는 서구적인 것이면서도 토속 전통과 문화에 중복된다.

『화사집』에서, 「화사」 다음에 실린 「문둥이」는 아이를 잡아먹으면 문둥병이 낫는다는 민속 미신에 기초한 것인데, 그것을 아름다움과 겹치는 것으로 이야기한 것은 미당 미학의 전형적인 설정이다.

문둥이

해와 하늘 빛이

문둥이는 서러워

보리밭에 달 뜨면
애기 하나 먹고

꽃처럼 붉은 우름을 밤새 우렀다

문둥이에게 해와 하늘빛이 왜 서러운지는 확실치 않다. 아마 아
름다움이 세상에 있음에도 불구하고 자신은 병든 몸이 되어 있는 것
이 문둥이가 서러운 이유일 것이다.(하늘은 나중의 미당 시에 인간의 욕
망에 대하여 무심한 자연의 아름다움의 상징이 된다.) 문둥이는 병을 고칠
셈으로 아기를 잡아먹는 것이다. 시적 효과는 식인(食人) 행위가 보리
밭, 솟아오르는 달 등 — 아름다운 환경 조건에서 일어나고 문둥이의
설움에서 나오는 울음이 "꽃처럼 붉은" 것 — 아름다운 것이라는 데
에서 생겨난다. 자연이 보여 주는 아름다움과 식인의 잔인성이 일치
의 심미적 효과를 높이는 것이다.
「대낮」도 성적 열광을 말하는 시인데, 쫓고 쫓기는 관계, 먹으면
죽는다는 꽃밭, 마약에 취한 능구렁이같이 생긴 언덕, "강한 향기로
흐르는" 코피, 그리고 "밤처럼 고요한 끌른 대낮"을 배경으로 하여, 두
사람의 몸이 달아오른다는 것 — 이러한 것들이 시의 어휘이다. 「맥
하(麥夏)」가 말하는 것도 비슷한 성의 열광이다. 그런데 여기에서도
주목할 것은 "나"를 끌어당겨 엎드리게 한 뱀 같은 여성과의 포옹과
더불어 그 환경의 사물들이 자세히 이야기되어 있다는 점이다. 성과

성의 폭력성은 자연이 뒷받침하는 것이다.

또 한 가지 주의할 것은 이런 자연이 모두 한국적 자연이라는 점이다. 어떤 평론가들은 미당의 관능 시가 서구적인 것인데, 그 이후의 시는 한국과 아시아로 되돌아온다고 말한다. 그렇다고 하더라도, 이미 이야기한 바 있지만, 이 시에 들어 있는 이야기나 무대 장치는 그의 시를 분명하게 고향 또는 한국에 위치하게 한다. "황토 담 넘어 돌개울", "바윗속 산되야지", "두럭길", "붉은옷" 입고 울고 있는 문둥이, "시렁" 위에 걸어 놓은 "왜낫(鎌)"과 같은 것들이 그러한 것이다. 이 시에서 성관계는 시렁 위에 낫을 걸어 두고 외출한 "오매"가 부재한 동안, "땅에 누어서 배암같은 게집"과 화자 사이에 일어나는 것으로 그려져 있다. 물론 '맥하'라는 개념 자체가 한국적인 개념이다. 한국적 환경 요소는 다른 시에서도 수없이 발견된다. 가령, 「가시내」에도, "능금", "하늬바람", "박아지꽃", "솟작새", "벌레", "피릿소리", "노루우" 등 ── 한국적 풍경의 소도구가 가득한 것을 볼 수 있다.

인간과 동물   그런데 이 자연은 모순에 찬 것이다. 그리하여 모순을 받아들이는 것이 자연의 질서에 순응하는 것이다. 이미 언급한 시들에서 두드러진 것으로, 『화사집』의 여러 시에는 사랑과 폭력, 또는 위악적(僞惡的)인 요소가 강하게 등장한다. 그러나 앞에서 본 관능 묘사에 보듯이 그것은 병적이라기보다는 건강한 것으로 이야기된다. 자연은 ── 특히 그 강력한 표현에 있어서, 인간의 간단한 선악을 초월한다. 성의 열락(悅樂)은, 이미 시사한 바와 같이, 자연의 일부이다. 거기에서 특히 두드러진 것은 인간과 동물의 구분에 큰 의미를 두지 않는다는 것이다. 「입마춤」에서 남녀 간의 사랑은 동물의 사랑에 비교된다.

> ["가시내"가 달아나면서 오라고 하면]
> 사랑 사랑의 石榴꽃 낭기 낭기
> 하누바람 이랑 별이 모다 웃습네요
> 풋풋한 山노루떼 언덕마다 한마릿식
> 개고리는 개고리와 머구리는 머구리와
>
> 구비 江물은 西天으로 흘러 나려……
>
> 땅에 긴 긴 입마춤은 오오 몸서리친
> 쑥니풀 지근지근 니빨이 허어여케
> 즘생스런 우슴은 달드라 달드라 우름가치
> 달드라.

위 구절에서, 입맞춤 또, 분명 그 후에 나오는 것일, 웃음은 극히 감미로워 짐승의 웃음과 같다고 한다. 이것은 앞부분에서 홀로 있거나 쌍쌍으로 있는 동물들의 모습에서 이미 시사된 짝짓기와 같다. 짐승의 이야기에 이어 나오는 구절 "구비 江물은 西天으로 흘러 나려"는, 다른 곳에서 보이는 미당의 용법에 따르면, 앞에 이야기된 나무나 바람이나 별 그리고 짐승들의 행태가, 또는 뒤에 이야기되는 것이 강이 흘러가듯, 해가 서쪽으로 가듯, 자연스러운 것이라는 말로 생각된다. 이렇게 남녀 관계 또는 성은 자연스러운 이치의 일부이다.

그러나 여기에서도 잔인함이나 강한 의지 또는 비극적 가능성이 완전히 사라진 것은 아니다. 이빨이나 울음에 대한 언급은 이러한 요소가 사랑으로부터 완전히 사라지는 것은 아니라는 것을 상기하게 하려는 것으로 보인다.

육체의 정오

어떤 경우에나 관능적 쾌락에 대한 미당의 생각은 반드시 그것만을 예찬한 것은 아니다. 거기에 관능의 모순에 대한 의식이 있다는 것은 앞에서 이야기한 바이다. 그럼에도 불구하고 이러한 육체적 쾌락에 대한 그의 송가는, 인간이 육체적인 존재라는 평범한 사실 이외에 자서전적, 철학적, 사회적 동기를 암시한다. 그리고 거기에는 역사에 대한 그 나름의 해석이 있다. 그러니까 그의 육체 예찬은 단순히 시적 직관의 표현이라고만은 할 수 없다. 그것은 분명한 의식적 결단의 결과이다.

미당은 자서전에서, 『화사집』의 주된 동기를 설명하여, "육체의 건전한 돌진으로 모든 비극을 이겨 내려던 내 시집"[5]이라고 말한다.(민음사의 『미당 자서전』이 출판된 것은 1994년, 79세 때이나, 글 가운데에 언급된 것을 보면, 이렇게 기록한 것은 54세, 그러니까 1969년으로 보인다.) 이 무렵 그의 기록에 의하면, 그가 애독하던 여러 서양 문학서들에는, 희랍 신화, 기독교 성경, 특히 솔로몬의 「아가(雅歌)」, 괴테, 보들레르, 베를렌을 포함한 프랑스 시집, 도스토옙스키, 톨스토이, 셰스토프 등 서양 문학의 대표적 작가들이 있고, 수차례 언급되는 사상가로 니체가 있다. 니체는 그에게 특별한 의미를 가졌던 것으로 보인다. 『화사집』 무렵 니체에 관련하여 미당이 말하고 있는 것은 그의 육체 존중을 다시 한 번 설명해 준다. 그는 마음속에 "식민지 조선인의 역경의 시름"을 많이 가지고 있었다고 하나, "무엇보다도 육체부터 싱싱히 회복되어야 하겠다고 생각"했고, "십팔구 세 때, 읽은 니체의 차라투스트라가 다시 마음에 얼씬거렸"고, "비극의 조무래기들을 극복하고 강력한 의지로 태양과 가지런히 회생하고 싶었던 것"이라고 말한다.[6](미당의 관능주의가 단순히 독서라기보다는 독서를 통한 자기 삶의 확인의 결과라고 하여야겠지만, 그러한 영향이 중요한 역할을 한 것도 사실일 것이다. 그의 서양 텍스트 독서는 일역을 통한 것이었을 것이다. 일본에서 세계 문학으로 번역된 것도 거기에 관계되겠는데, 그것을 결정한 일본 근대 문학 자체의 흐름도 미당의 사상 편력에 중요한 원천이 되었을 것이다. 이것은 일본 문학을 잘 아는 사람이 밝혀내야 할 과제로 생각된다.)

그러나 다시 중요한 것은 미당 자신의 자기 확인의 의지이다. 이것이 핵심이고, 그것이 다른 사상적 영향에 의하여 뒷받침되는 것이다. 자기 확인은 우선 육체적 존재로서의 자기를 확인하겠다는 의도로 표현된다. 육체의 확인과 자기 확인의 연결은 여러 시에서 볼 수 있는 것이지만, 「정오(正午)의언덕에서」는 이 연결을 가장 분명하게 보여 준다.

正午의언덕에서

한가로운 산우에 노루와 적은사슴같이있을지어다.

── 雅歌

보지마라 너 눈물어린 눈으로는……

소란한 哄笑의 正午 天心에

다붙은 내입설의 피묻은 입마춤과

無限 慾望의 그득한 이戰慄을……

아 ─ 어찌 참을것이냐!

슬픈이는 모다 巴蜀으로 갔어도,

윙윙그리는 불벌의 떼를

꿀과함께 나는 가슴으로 먹었노라.

시약시야 나는 아름답구나

내 살결은 樹皮의 검은빛

黃金 太陽을 머리에 달고

沒藥 麝香의 薰薰한 이꽃자리

내 숫사슴의 춤추며 뛰여 가자

우슴웃는 짐생, 짐생 속으로.

시의 제목의, '정오'는 시인의 그의 삶의 절정에 있음을 가리킨
다. 이것은 니체의 차라투스트라에 관계해서 읽을 수 있다. 『차라투
스트라는 이렇게 말했다』에서 정오는 중요한 상징적인 의미를 갖
는다. 서사(序詞) 부분에서 차라투스트라가 여러 번의 망설임 끝에

자기의 길을 가겠다는 것과 산을 내려가, 사람의 마을에 가서 설법을 시작하겠다는 것을 선언할 때, 니체는 그때가 해가 중천에 떠 있는 시점이었음을 말한다. 그것은 물론 삶과 정신의 에너지가 정점에 이르렀다는 것을 나타낸다. 정오의 시간에 차라투스트라는 자신의 소신에 대하여 극히 적극적인 확신을 갖는다. 그는 이것을 정오에 선언하는 것이다. 미당의 정오의 언덕도 그 비슷한 선언을 담고 있다.

선언 내용은 육체적 존재로서의 인간을 확인하고 그것의 풍요와 흥분을 인정하겠다는 것이다. 제목 다음에 제사(題詞)가 있는데, 이것은 육체의 성스러움을 말하는 것으로 읽을 수 있다. 제사, "향기로운 산우에 노루와 적은사슴같이있을지어다"는 솔로몬의 「아가」에서 취한 것이다. 「아가」는 기독교 성경의 일부로서 종교적인 해석이 주어지는 것이 보통이지만, 그 자체로는 관능적 내용을 담은 사랑의 노래로 읽힌다. 그리고 이 미당의 시에 제사로 인용된 부분은 애인에게 하는 말로, 애인이 빨리 나에게 와서 산 위의 노루나 사슴처럼 자연스럽고 순한 들짐승처럼 있으라는 요구이다. 그리고 여기에서 동물을 말한 것은, 미당의 많은 시에서 시사되듯, 그가 말하는 것이 자연의 순리의 일부임을 시사하는 것이다.

시의 첫 두 연은, 슬픔이 일상화되고, 많은 사람들이 "巴蜀(파촉)"으로 떠나갔다고 하더라도, "無限(무한) 慾望(욕망)의 그윽한 이 戰慄(전율)"에 주의하는 것이 핵심이라는 것을 이야기한다. 그리고 이어서 가슴에 욕망이 "윙윙그리는" 자찬(自讚)이 따른다.

시악시야 나는 아름답구나

내 살결은 樹皮의 검은빛
黃金 太陽을 머리에 달고

沒藥 麝香의 薰薰한 이꽃자리
내 숫사슴의 춤추며 뛰여 가자
우슴웃는 짐생, 짐생 속으로.

(마지막 연의 불확실한 문맥은, 다른 경우나 마찬가지로, 띄어쓰기나 구
두점을 분명히 하면, 해명이 되는 것이 아닌가 한다. 그리하여 "내 숫사슴의 춤
추며 뛰여 가자"를 "내 숫사슴의 춤 추며 뛰어가자"로 읽으면, 즉 "내 숫사슴의
춤"을 떼어 내어 읽으면 문맥이 바로 선다. 민음사판의 시집은 미당의 뜻을 그
대로 받아 인쇄한 것으로 생각된다. 그리고 미당은 얼른 주는 인상보다는 논리
적인 사람이었다. 그러나 그 논리가 반드시 띄어쓰기에 표현되지는 않는다.)

정녀(貞女)의 전설 ── 성 억압의 전통

　그런데 위의 시를 이렇게 읽고 보면, 그것은 미당의 발상을 지나
치게 서양적인 것으로 읽는 것이 될 수 있다. 설사 그렇다고 하더라
도 그의 발상이 그 자신의 현실 읽기 ── 단순히 개인적인 심정이 아
닌 현실 읽기와 한국의 전통에 대한 해석에 연결된다는 것을 언급할
필요가 있다. 한국의 전통과 현실에 대한 그의 해석은 나중에 보다 의
식적인 것이 되지만, 이 해석의 기초가 되는 관찰은 『화사집』에도 이

미 들어 있다. 가령, 「와가(瓦家)의 전설(傳說)」은 서정적 설화이면서 당대의 현실과 전통에 대한 날카로운 해석을 담고 있는 시라고 할 수 있다.

瓦家의 傳說

속눈섭이 기이다란, 계집애의 年輪은
댕기 기이다란, 붉은댕기 기이다란, 瓦家千年의銀河물구비…… 푸르게만 푸르게만 두터워갔다.

어느 바람속에서도 부끄러운 열매처럼 부끄러운 계집애.
靑蛇.
뽕나무에 오디개 먹은 靑蛇.
天動먹음은,
번갯불 먹음은, 쏘내기 먹음은,
검푸른 하늘가에 草籠불달고…….

고요히 吐血하며 소리없이 죽어갔다는 淑은,
유체 손톱이 아름다운 계집이었다한다.

첫 연의 의미를 분명하게 해명하기는 쉽지 않다. 미당 시의 특징은 불분명한 의미를 가지면서도, 그 수사(修辭)와 이미지의 화려함으로 하여 무엇인가 시적인 감정을 전달한다는 것이다. 그러나 구태여 의미를 풀어내자면, 첫 연에 이야기된 처녀에 딸린 많은 것이 길다고 이야기된 점에 주의할 수 있다. 댕기를 매고 있는 사람이 처녀라는 것을 말하는 것이지만, 댕기가 길다는 것을 되풀이한 것은 처녀라는 것을 강조하는 것이고, 또 그것은 자연스럽게 긴 세월에 이어진다. 그것은 이 긴 세월 ── 천년의 역사에 연결되고, 은하수와 같은 자연의 질서에 연결된다.(이것이 반드시 부정적으로만 이야기되는 것은 아니다.) 불분명한 채로 여기 여성의 연령도 구태여 따지자면 천년쯤 된 기와집(초가만 있는 촌락에서 기와집은 부잣집 또는 양반집에 틀림이 없다.)의 한 부분을 나타낸다. 그것은 처녀가 그러한 긴 전통의 무게를 받들고 있다는 말로, 긴 역사가 기와집 처녀의 연령을 실제의 나이에 관계없이 무한한 세월의 일부가 되게 하고, 은하처럼 멀고 드높은 것이 되게 한다. 그리하여 처녀는 푸르기만 하다. 물론 이 처녀는 달리 해석하면, 1000년 전쯤에 죽은 여자라고 볼 수도 있다. 두 번째 연은 다시 앞의 처녀를 이야기하는데, 처녀는 성숙한 처녀이면서도 스스로의 성숙함을 부끄러워하고, 외모도 차가운 청사(青蛇)와 같은 것으로 말하여진다. 뱀이 오디를 먹는다는 것은 어쩌면 지역적인 민담에 관계하여 해석되어야 하는 것으로 생각되지만, 뱀이 먹는 오디는 약으로도 쓰이는 작은 열매로서, 절제된 소식음수(疏食飮水)의 내용을 말하는 것이지 않나 한다. 그런데 이렇게 말하면서, 특이한 것은 그 청사가 동시에 천둥, 번개, 소나기를 머금고 있다는 점이다. 검푸른 하늘가에 초롱불을 달고 있다는 것도, 어둠 가운데에서도 무엇인가 밝은 불로 신호를 보내고 있다는 것으로 생각할 수 있다.

마지막 부분의 '숙(淑)'이라는 이름의 여인이 앞의 기와집의 전

설적인 여인과 같은 여인인지는 분명치 않다. 그러나 그가 앞의 정
숙하면서도 무서운 욕망을 숨겨 가진 여성의 전통을 이어받은 사람
인 것은 틀림이 없다. 숙은 아무 말도 소리도 없이 피를 토하면서 죽
어 갔다. 이 말 없는 여성의 경우에도, 그 "유체"——아마 남은 시체,
유체(遺體)를 말한다고 하겠는데, 이 유체의 손톱이 아름답다는 것은
이 여성도 아름다운 육체의 소유자였다는 것을 말하는 것으로 보인
다.(미당의 시에서, 아름다운 손톱은 여성미의 상징으로 쓰인다.)

  강한 주장을 내놓고 있지는 않지만, 이 시에서 이야기하고 있는
것은 성적 억압을 견디어 내야 했던 정절의 여성을 말하고 있는 것이
틀림없다. 이 시의 어조가 반드시 비판적인 것이 아니기 때문에, 비판
적 관점이 드러나지 않는 것은 사실이다. 그리고 그것이 이 시의 시적
효과를 높인다. 그러나 위에서 본 바와 같이, 『화사집』 전체를 관통하
고 있는 관능의 강조, 그리고 미당 자신이 설명하고 있는 그의 생각의
방향에 비추어 볼 때,「와가의 전설」은 그러한 강조와 주장에 대한 반
증이 된다고 할 수 있다.

반유가적(反儒家的) 역사 읽기

  사실「와가의 전설」과 같은 시에 이러한 사상적 맥락을 결부하
여 읽는 것은 무리스러운 인상을 줄 수 있다. 그러나 미당이 금욕주
의——유교가 부과한 금욕주의에 크게 반발한 것은 그의 시와 산문의
도처에 보이는 것이다. 그것은 그의 후기 시에서 더 두드러진 것이 된
다. 이것은 나중에 다시 검토하여야 할 문제이지만, 조금 앞당겨, 미당
의 한국 전통 읽기를 가장 요약하여 보여 주는 시 한 편으로 살펴보기

로 한다. 목적은 미당의 전체적인 지적 전망을 파악하자는 것이다.

韓國星史略

千五百年 乃至 一千年 前에는

金剛山에 오르는 젊은이들을 위해

별은, 그 발밑에 내려와서 길을 쓸고 있었다.

그러나 宋學 以後, 그것은 다시 올라가서

추켜든 손보다 더 높은 데 자리하더니,

開化 日本人들이 와서 이 손과 별 사이를 虛無로 塗壁해 놓았다.

그것을 나는 單身으로 側近하여

내 體內의 鑛脈을 通해 十二指腸까지 이끌어갔으나

거기 끊어진 곳이 있었던가.

오늘 새벽에도 별은 또 거기서 逸脫한다. 逸脫했다가는 또 내려와 貫流

하고, 貫流하다간 또 거기 가서 逸脫한다.

腸을 또 꿰매야겠다.

「한국성사략(韓國星史略)」은 1960년에 나온 『신라초(新羅抄)』에
실려 있다. 그러니까 대체로 말하여 『화사집』의 시들로부터 20년이
경과한 후에 쓰였을 시이다. 그전에도 신라의 설화에서 주제를 끌어
온 시가 없는 것은 아니나, 신라는 1950년대의 중반부터 미당의 열렬
한 관심의 대상이 되었던 것으로 보인다. 그의 인생 방황 또는 시적
방황에서 신라는 그에게 근대를 대체할 수 있는 하나의 대안 사회를

띠돌이의 귀향

보여 준 것으로 생각된다. 그것은, 여러 산문에서도 그러하지만, 그의 시에서 주제가 된다.『신라초』는 그 제목이 말하듯이 주로 신라에 관계된 이야기들을 주제로 한 시 모음이다. 미당 시의 역정을 그리는 데에 있어서, 신라가 무엇을 의미하였던가를 밝히는 것은 중요한 일이다. 그러나 이 시점에서는 단순히「한국성사략」을 그의 시력의 전체를 조감하는 편의를 위해서 인용하기로 한다.

시의 요지는 주자학으로 하여 한국인이 인간에 대한 전체적인 비전을 잃어버렸다는 것이다. 그리하여 초월적인 것과 세간적인 것의 사이가 크게 벌어지게 되었다. 신라 시대에는 높은 학문과 낮은 노동이 신분을 갈라놓지 않았다. 달리 말하면, 초월적, 철학적 지식은 일상적 삶을 해명하는 데에 도움을 주었다. 그러다가 일제는 인간의 마음에서 초월적인 것을 삭제하였다. 이것은 일제하에서 한국인이 할 수 있는 일은 세속적이 이해에 기초한 것밖에 없었다는 말일 수도 있고, 또는 더 일반적으로, '개화', 나아가 계몽주의가 사람들로 하여금 모든 인간사를 세속적 공리주의의 관점에서 보게 하였다는 말일 수도 있다. 이러한 처지에서, 사라진 초월적 차원을 혼자의 힘으로라도 회복하고자 하는 것이 미당 자신의 지적 그리고 시적 노력이었다고 그는 말한다. 그런데 여기에서 별에 이르려는 그의 노력, 즉 초월적 노력은 단순히 세속을 넘어가는 세계에 대한 비전을 회복하겠다는 것이 아니다. 별에 이르는 것은 십이지장과 같은 장(腸)으로부터 —— 그러니까 먹고 소화하고 하는 일에서부터 시작하여 보다 높은 곳으로 나아가는 것을 말한다.(이 신라관(新羅觀)에서 성(性)은 주제가 되지는 않는다. 그러나 그의 신라에 관한 시에서 성은 아니라도 애정은 주요한 주제가 된다.) 십이지장과 별 — 이것을 아우르겠다는 것은 인간을 전체로서 파악하겠다는 것이다. 미당에게 신라는 우리나라의 역사상 이러한 일체적 인간성 구현의 가능성을 현실로서 예시한 시대이다. 「한국성사략」은 적어도 미당의 관심의 역정에 투사되어 있는 큰 배경을 알게 할 것이다.

5 막막한 세계 그리고 "식민지 소명사"의 고뇌

「벽」 — 막힌 길

대안 사회로서의 신라를 말하는 것은, 다시 말하건대, 『화사집』을 지나치게 앞질러 가는 것이다. 거기에 이르는 길은 조금 더 면밀하게 추적해야 한다. 다시 미당의 초기 시로 돌아가면, 앞에서 잠깐 살펴본 것은 미당의 대긍정을 향한 의지이다. 그것은 철학으로, 그 나름의 인간 존재에 대한 의식으로 또, 역사 탐구로 뒷받침된다. 그러나 그 시점에서 현실이 그것을 수용할 수 있는 것이 아니었음은 말할 필요도 없다. 위에서 인용한 『화사집』에 대한 그의 설명, "육체의 건전한 돌진으로 모든 비극을 이겨 내려던" 것이 육체 예찬의 시들의 동기였다는 것을 상기하여야 한다. 그리고 돌진하겠다는 강한 의지에도 불구하고 많은 시가 암담한 느낌, 또는 절망감을 말한다는 것에 다시 주의하지 않을 수 없다. 그것은 일제 식민지라는 어두운 국가 현실에 관계되지만, 다른 한편으로 개인적인 처지에 옮겨져서 그를 우울하게 하는 사연이 된다. 그러한 절망감 가운데, 긍정에 대한 표현과 상징들이 등장하는 것이다.

1936년 동아일보 신춘문예 당선작이 된 「벽」은 그야말로 그의 앞을 막고 있는 벽이 있다는 것을 표현한 시이다. 덧없이 바라보게만 되는 벽은 시인을 지치게 한다. 그에 따라 시인은 "靜止(정지)한 나"를 의식한다. 그러면서도 "진달래꽃 벼랑 햇볕에 붉게 타오르는 봄날"을 기다린다. 「단편(斷片)」은 "바람뿐이드라. 밤허고 서리허고 나혼자 뿐이드라."라고 고립을 이야기하고 아름다운 날은 "내일인가. 모렌가. 내명년인가." 하고 미래의 도래의 갈구를 말한다. 「부흥이」는 어둠의 느낌, 불안의 느낌이 당대의 일반적 분위기라고 한다. 그는, 한밤중에 우는 부엉이가 화자의 부모 그리고 자신과 자신의 아내 될 사람에 대하여 불만을 품고, 시인의 "머릿속 暗夜(암야)에 둥그란 집을 짓고 사"는 것일 것이라고 말하여, 암울한 무엇인가가 자신뿐만 아니라, 자신의 가족의 마음을 어둡게 하고 있다는 느낌을 표현한다.

가족 그리고 형극의 길

그런데 이것은 반대로 읽어야 하는 것인지도 모른다. 부엉이는 시인의 머리에 살고 있는 동물이고, 그 부엉이가 가족에게 불만을 나타내고, 삶을 어둡게 하는 것이기 때문이다. 「문(門)」에도 가족에 대한 언급이 나온다.(이 시가 말하는 것은 집이지만, 그것은 가족을 의미하는 것으로 보인다.) 시인은 밤에 혼자 깨어난다. 그것은 괴로운 일이기도 하고 위대한 일이기도 하고, 아름다운 일이기도 하다. 이 깨어남을 통하여 폐허에 꽃이 피고, 시체 위에 불씨가 피어날 수도 있다고 느끼기 때문이다. 그것이 가능하기 위해서는 희생의 피와 빛을 떠받들고, 오

로지 "肺(폐)와 발톱"과 같은 강인한 힘만을 남겨 놓아야 한다. 그리
고 시인의 삶을 뒷받침하는 보조 수단이나 장치들을 버려야 한다. 버
려야 하는 것들이란 일상적인 삶의 도구 또는 길 가는 자의 장비 또
는 가족을 말한다.

> 피와 빛으로 海溢한 神位에
> 肺와 발톱만 남겨 노코는
> 옷과 신발을 벗어 던지자.
> 집과 이웃을 離別해 버리자.

이러한 이별은 소녀의 순진한 눈동자를 가지고 있으면서, 비수를
가슴에 지닌 사람에게만 가능하다. 즉 순수한 마음과 단호한 결심이
필요하다. 그것은 새로운 길로 들어서는 것이고, "智慧(지혜)의 뒤안
깊이"에 감추어 있는 형극의 문을 여는 일이다. 위에 인용한 연에 이
어 「문」은 이렇게 끝난다.

> 오 ── 少女와같은 눈瞳子를 그득히 뜨고
> 뉘우치지 않는사람, 뉘우치지않는사람아!

> 가슴속에 匕首감춘 서릿길에 타며 타며
> 오느라, 여긔 智慧의 뒤안깊이
> 秘藏한 네 荊棘의 門이 운다.

가족, 조국, 단호한 결심, 유랑의 유혹

『화사집』에 나오는, 삶에 대한 암울한 느낌을 「바다」는 포괄적으로 표현한다. 이 조건 ── 삶을 어둡게 하는 조건은 조국의 땅 전부이다. 바다는 첫째 시인 혼자만이 고립되어 있는 상태를 상징한다. 그러나 동시에, 「벽」이 말하는 바와는 달리, 사람이 선택할 수 있는 길은 외길이 아니라 여러 갈래의 길이다.(선택하지 않는 한 길은 아무 데도 없다.) 바다는 억압적이고 제한하는 경계를 말하면서도 동시에 열려 있는 삶의 가능성 ── 스스로 선택해야 할 행로의 열려 있음을 말한다.

> 귀기우려도 있는것은 역시 바다와 나뿐.
>
> 밀려왔다 밀려가는 무수한 물결우에 무수한 밤이 往來하나
>
> 길은 恒時 어데나 있고, 길은 결국 아무데도 없다.

> 아 ── 반딧불만한 등불 하나도 없이
>
> 우름에 젖은얼굴을 온전한 어둠속에 숨기어가지고…… 너는,
>
> 無言의 海心에 홀로 타오르는
>
> 한낱 꽃같은 心臟으로 沈沒하라.

이 첫 연은 무수한 밤이 왕래하고, 밤이 어둡다고 하여 길을 가는 것을 포기하면 아니 된다고 말한다. 그다음의 연은 바로 그 어둠 속에 뛰어들어야 한다고 한다. 다만 그러기 위해서는 "홀로 타오르는/ 한낱 꽃같은 心臟(심장)"을 가지고 있어야 한다. 어둠 속으로 들어가되 어둠과 하나가 되는 듯하면서도, 피어나는 꽃과 같은 심장을 유지하

여야 한다.

> 아 ― 스스로히 푸르른 情熱에 넘쳐
> 둥그란 하눌을 이고 웅얼거리는 바다,
> 바다의깊이우에
> 네구멍 뚫린 피리를 불고…… 청년아.
> 애비를 잊어버려
> 에미를 잊어버려
> 兄弟와 親戚과 동모를 잊어버려,
> 마지막 네 게집을 잊어버려,

바다로 내려가는 것은 바다와 하나가 되는 것이다. 그런데 역설
적으로 바다는 바다대로 정열에 차 있다. 필요한 것은 그 정열이 시인
의 정열과 하나가 되는 것이다. 미당은 여러 시에서 직접 언급하거나
암시로써 만파식적(萬波息笛)를 말한다. 그는 이 피리의 신화에 매료
되었던 것으로 보인다. 그것은 문자 그대로 만 개의 파도를 쉬게 만드
는 화해의 힘을 가진 피리인데, 음악이나 시의 힘을 나타낸다고 할 수
있다. 『학(鶴)이 울고 간 날들의 시(詩)』(1982)에는 『삼국유사』에 실린
만파식적의 민담에 기초한 몇 편의 시가 있는데, 한 시에서는 그 유
래를 설명하면서, 그것은 두 개의 대나무가 하나가 되기도 하고 두 개
가 되기도 하는 바다에서 나온 대로 만든 피리로서, 손뼉이 마주쳐야
소리가 나듯이 둘이 하나가 되어 소리가 나는 것을 상징한다는 점을
강조하고, 또 하나의 시에서는 "한없이 깊은 情(정)과 더없는 勇氣(용

기)"를 상징하는 둘이면서 하나인 대로 만들어진 피리라고 한다. 이 피리는, 강도에게 납치된 화랑을 구출해 그 소리에 태워 실어 낸 마력의 악기이다. 시 「바다」로 돌아가서, 이 시의 테두리 안에서는, 피리는 다시 한 번, 사람의 심성을 하나로 합치게 하는, 화평의 악기이다. 그런데, 위의 인용에서 보듯이, 이러한 만파식적의 힘을 얻기 위해서는 일단 부모 형제와 처를 잊어버려야 ── 즉 고독한 존재가 되어야 한다고 한다.

또 그것을 위해서는 나라를 버리는 일까지 요구된다. 가족을 버리는 일에 이어서, 시는 다음과 같이 계속된다.

아라스카로 가라 아니 아라비아로 가라
아니 아메리카로 가라 아니 아프리카로
가라 아니 沈沒하라. 沈沒하라. 沈沒하라!
오 ── 어지러운 心臟의 무게 우에 풀닢처럼 훗날리는 머리칼을 달고
이리도 괴로운나는 어찌 끝끝내 바다에 그득해야 하는가.
눈뜨라. 사랑하는 눈을뜨라…… 청년아,
산 바다의 어느 東西南北으로도
밤과 피에젖은 國土가있다.

아라스카로 가라!
아라비아로 가라!
아메리카로 가라!
아푸리카로 가라!

먼 대륙으로 가라는 말은 물론 나라 안에 살기 괴롭기 때문에, 망명을 택하라는 말이다. 그러나 그러한 말이 있은 다음에 곧 어, 그게 아니라 침몰하라는 수정(修正)이 나오는 것을 보면, 멀리 간다는 것은 실제 옮겨 가는 것이 아니라 세상의 모든 것과 하나가 된다는 것을 의미하는 것으로 보인다. 그것은 다시 "산 바다의 어느 東西南北으로도/ 밤과 피에젖은 國土"가 있다는 말로 보완된다. 어디를 가도 (심리적인 차원에서의 이야기겠지만) 어둠의 국토를 벗어날 수는 없다. 요구되는 것은 그것을 사랑의 눈으로 보는 일이다. 그리하여 어둠에 쌓인 국토로, 마음의 타오르는 불꽃과 사랑을 가지고 — 바로 그 바다와 같은 어둠의 전체에 맞먹는 바다 같은 사랑으로, 국토로 돌아오는 것이 마땅하다. 그러나 시의 마지막에 다시 여러 대륙으로 가라는 말이 되풀이되어 나오는 것을 보면, 시는, 그러한 어둠과 밝음을 포용하여야 한다는 사명 의식이 쉽게 도피의 심정을 억누를 수 없음을 이야기한다. 넓은 바다가 암시하는 다른 길 — 도피 또는 망명의 길은 여전히 강한 유혹으로 남는다.

이렇게 읽고 보면,「바다」의 메시지는 명확한 것이 아니다. 그것은 모순에 찬 것으로 남아 있다고 하지 않을 수 없다. 그러나 이 모순이 만들어 내는 긴장이 — 미당의 많은 시에서 그렇듯이 — 이 시의 호소력을 강하게 한다고 할 수 있다.

"식민지 소명사"/시인의 길

이러한 모순의 상황은 『화사집』 시대의, 즉 미당의 20대 초반에, 보다 구체적으로 그의 삶의 진로에 그대로 해당된다고 할 수 있다. 위에서 언급한 바와 같이, 미당의 학력이나 경력은 불안정하기 짝이 없다. 그는 어떤 심급의 학교도 제대로 마치지 못하고, 어떤 직장도 몇 달 이상을 가지지 못한다. 이것은 그의 심정이 어떤 정착도 불가능하게 한 때문일 것이다. 일반적인 우울을 표현한 「서름의 강(江)물」은 이러한 정의하기 어려운 암담한 느낌으로 용해된 그의 심정을 적절하게 표현하는 시라고 할 수 있다.

서름의 江물

못오실니의 서서 우는듯
어덴고 거긔 이슬비 나려오는
薄暗의 江물 소리도 없이……
다만 붉고 붉은 눈물이
보래 피빛 속으로 젖어
낮에도, 밤에도, 거리에 서도,
문득 눈우슴 지우려 할때도
이마우에 가즈런히 밀물처오는
서름의 江물 언제나 흘러……
봄에도, 겨울밤 불켤때에도,

여기에 이야기되어 있는 슬픔 — 미소하려는 의지에도 불구하고, 낮에도 밤에도 거리에도, 봄에도 겨울에도 떠나지 않는 슬픔은 시인의 마음의 일반적인 상태를 말하는 것일 것이다. 그에게 슬픔은 소리

없는 이슬비 같기도 하고 쉼 없이 흐르는 강물 같기도 하다. 이 슬픔은 어디에서 오는가? 원인은 오지 않은 임일 수 있다. 이렇게 말할 때 임은 구세주에 비슷한 것일 것이다. 그러나 시대를 생각할 때, 이 임은 일제로부터의 해방을 가져올 임을 말할 수 있다. 그리하여 강물처럼 흐르는 슬픔은 일제가 규정하고 있는 암담한 시대가 불러일으키는 심정을 말하는 것이라고 할 수 있다.

그러나 이 시에 표현된 암울한 느낌은 일제의 강점으로 인한 것이라 하더라도 극히 일반화되어 있다. 앞에서 미당의 사회주의에 대한 태도를 말하면서, 그에게 시적인 인식의 시금석이 "인생의 간절한 것들"에 대한 느낌이라는 지적이 있었다. 그에게 이 간절한 느낌은, 다시 말하여, 일종의 시적인 절대 확신의 카탈렙시스(catalepsis)이다. 그리하여 오시지 않는 임, 구세주나 해방자에 대한 언급에는 개인적인 절실한 느낌이 강하게 들어 있다고 할 수 있다. 그것은 발화자의 삶의 전체에 대한 느낌일 것이다. 그리고 이 느낌에서 중요한 부분은 그의 불안정한 경력으로 보아, 자신의 삶의 진로에 대한 불안감 — 물론 전체적으로는 일제라는 시대에 의하여 한정되는 것이면서 개인적인 — 불안감이라고 할 수 있다.

사실, 시에는 별로 이야기되어 있지 않지만, 진로의 문제는 그에게 큰 위기를 가져왔을 것으로 짐작할 수 있다. 어떤 사연에서 그랬는지는 알 수 없지만, 그에게 시인이 되겠다는 결심이 통상적 경력을 버리게 한 큰 원인일 수 있다. 시인이 되기 위하여 모든 세간적 이익의 추구를 버린다는 것은 어느 사회에서나 큰 도전을 의미한다. 그러나 시인이라는 신분은 20세기 초반의 한국에서 이중으로 불안한 일이었다고 할 수 있다. 한국의 전통에서 전문적인 시인은 그전에 없었던 새로운 삶의 방식을 의미하였다. 더구나 일본의 식민지 상태에서 그것은 쉽게 일정한 사회적 지위를 갖는 일이 아니었을 것이다.

진로의 문제가 일으킨 가정적 갈등은 미당의 자전적 기술에 잘 나와 있다. 미당의 부친(서광한)의 소원은, 아들이 제국대학 법과에라도 진학하여 일정한 사회적 지위를 확보하는 것이었다. 자식들의 장래를 위하여 적정한 희생을 한 부친은 그 준비를 지원해 줄 준비가 되어 있었다. 그런데 아들은, 그의 자전적 회고에서 말하고 있듯이, "엉뚱하게 빈민굴로 절간으로 어디로 다니다가 하필에 불교 전문을 골라 들어가다가, 그것마자 놓아두곤 바람처럼 흘러만 다닌다." 그리고 돌아와도 방에 웅크리고 앉아 집안일이 돌아가는 데에는 영 무관심하다. 아버지가 창문을 열어 보아도, 군불을 지피고 있어도 영 모른 채 누워만 있다……. 어느 날이던가는 창문을 열어도 반응이 없으니까, "이놈아 너는 사람이 아니다. 뻘로 만든 놈이지, 사람은 아니다……."[7]라고 소리친다.

미당의 아버지는 이렇게, 그의 모든 희망을 저버린 아들에게 "너는 사람이 아니다."라는 말까지 하지만, 그런대로 아들을 생각하여 중매결혼을 성사시킨다. 1938년 미당의 나이 23세 때이다.

아버지와의 갈등, 아버지의 소원을 버리게 된 데에서 오는 고민, 이러한 것들이 부친의 눈에 띄게 된 그의 무기력 — 이러한 것들이 이 무렵의 그의 인생의 어둠을 깊게 한 원인들이었을 것이다. 물론 거기에서 근본적인 것은 장래에 대한 아버지의 소원을 저버린 것이라 할 수 있다. 그런데 그로 하여금 아버지의 소원을 저버리게 한 원인은 무엇인가? 분명히 설명되어 있지는 아니하면서, 넓게는 그의 정신적 방황이라고 할 수밖에 없다. 그의 구도자적인 모습은 그의 행동과 글에서 그 증거를 찾을 수 있다. 학교를 그만두고 옮기고 한 것 자체가 그것을 말하지만, 그의 구도자적 결심을 보여 준 상징적인 한 예가 되는 것은 석전 박한영 스님의 가르침을 받는 학승으로 개운사(開運寺) 대원암(大圓庵)에 머물다가 1934년 5월 내금강(內金剛)의 영원암(靈源庵)까지 걸어간 사건과 같은 일일 것이다. 학승으로 있을 때 미당이 금지된 담배와 술을 입에 몰래 즐기기도 한 일들을 보면 그가 많은 일을 일종의 바람기처럼 보아 넘기는 경향을 가지고 있었던 것으로 보인다. 자신의 일에 대하여 대체로는 희극적 거리를 유지한 것이 미당이라고 하겠지만, 그러한 것 가운데도 심각한 구도의 정신이 그를 이끌었다는 것도 간과하지는 않아야 하지 않나 한다. 그의 금강산 여행은 닷새 넘게 걸린 일이었는데, 그것은, 그의 자전적 기록에 의하면, 추위와 배고픔을 견디고 발밑이 다 부르트게 된 데도 불구하고 강행했던 순력(巡歷)의 길이었다고 할 것이다. 만년에 정기적으로 수행했던 단식과 같은 것도 그의 금욕적 자기 수련의 의지를 나타낸다. 그러나 그의 정신적 추구는 무엇보다도 부랑의 성격을 가지고 있었다.

미당의 자서전에는 '부랑하는 뒷골목 예술가들 속에서'라는 장(章)이 있다. 이 장의 이름은 일제 말기에 그리고 지금까지도 부랑할 수밖에 없는 예술가들의 상황을 지칭하는 것이라고 할 수 있다. 그리고 그것은 물론 그러한 무리 가운데에서 자기가 어디에 서 있는가를 생각하는 이름이라고도 할 수 있다.

1930년대 말, 미당은 결혼과 함께 유랑 생활을 접고, 그것도 오래

하지는 못했지만, 동광여학교의 교사 노릇도 하고, 『옥루몽(玉樓夢)』과 같은 책의 번역을 맡아 번역료를 벌기도 하면서 생활을 지탱해 갔다. 그러면서 계속 시 작품을 발표하였다. 그런데 이와 더불어 필요한 것은 문학계의 여러 사람과의 교류였던 것으로 보인다. 그리하여 그는 창립과 편집에 동참했던 《시인부락(詩人部落)》, 《삼사문학(三四文學)》 등의 동인들 그리고 다른 예술계의 보헤미안과 선술집에서 어울리는 일에 참여하였다. 다른 여러 일이나 마찬가지라고 하겠지만, 비사회적인 일일 수도 있는 예술 작업도 사회에 일정한 자리를 얻음으로써 자신들의 정체성을 확립한다고 할 수 있는데, 그런 자리가 분명하게 마련되지 아니하면, 적어도, 흔히 문단, 동인회 등의 이름으로 불리는 그룹 또는 단순히 동료들과의 술자리가 자기 확인의 수단이 된다. 미당은 이러한 필요에서 나온 당대 예술인의 모임을 설명하여, "선술집이라는 것은 이때의 우리 청년들의 허전한 고립을 늦추게 하는 데는 큰 힘이 있었던 것이다."[8]라고 말한다. 그도 이러한 모임에 자주 참석했으나, 그것이 그에게는 반드시 마음에 들었던 것은 아니었던 것 같다. "그냥 가만히 앉아 있기도 어려워 헛기세를 부리고 쏘다니는 이런 식민지의 소명사(小名士) 노릇이라는 것도 오래 두고 내 마음에 들 리 없었다." 그는 그의 입장을 이렇게 설명한다.

사실 생각해 보면, 전근대적인 사회를 벗어난 다음 예술가의 사회적 정위(定位)의 문제는, 예술의 의미나 사회적 기능이라는 관점에서 섬세하게 연구하여야 할 문제이지만, 여기에서 그것을 길게 논할 수는 없다. 다만 주목할 수 있는 것은 미당 서정주의 시적 소명이 여기에 관계된다는 사실이다. 그는 '부랑하는 뒷골목 예술가'와 자기를 같이 보기도 하고 또 그것을 넘어가는 것으로 자기를 보았다고 할 수 있다. 시인이 되겠다는 그의 마음은, 그것을 넘어, 위에서 본 바와 같은, 구도의 일부였지 않나 한다. 그에게 시는 어떤 소명 의식에서 나오는 추구의 대상이라는 말이다. 물론 그것은 역설적으로 사회적 위치가 불분명한 데에서 생겨나는 의식이라고 할 수도 있다.

1948년 간행의 『귀촉도(歸蜀途)』에 실려 있으면서도, 1941년에 쓰인 것으로 알려져 있는 「행진곡(行進曲)」은 간단히 해석하기 어려운 시이지만, 보다 넓은 관점에서 시적 소명감을 이야기한 시로 읽을 수 있다.

行進曲

잔치는 끝났드라. 마지막 앉어서 국밥들을 마시고
빠알간 불 사루고,
재를 남기고,

포장을 거드면 저무는 하늘.
이러서서 主人에게 인사를 하자

결국은 조끔ㅅ식 醉해가지고
우리 모두다 도라가는 사람들.

목아지여

목아지여

목아지여

목아지여

멀리 서 있는 바다ㅅ물에선

亂打하여 떠러지는 나의 鐘ㅅ소리.

　원래 미당의 시는 조선일보의 폐간을 계기로 김기림의 부탁으로
쓰였으나 발표는 나중에《신세계》로 미루어졌다고 한다. 이런 정상을
참작한다면, 잔치는 끝났기에 잔치에서는 종을 칠 수 없는 것이 되었
는데, 시의 끝부분에서, 시인의 종은 이제 바닷물 위에서 치는 종소리
가 되든지, 또는 바닷물이 절로 시인이 생각하는 종소리를 내든지 하
는 것으로 이야기 된다.(미당은 자신의 시의 사회적 의미가 불분명할 때, 그
는 자신을 종을 울리는 사람이라고 말한 경우가 여러 번 있다.) 시인이 하는
것은 자연 속에 들어 있는 리듬을 울리는 것이지, 잔치 모임에서 흥을
돋우는 역할을 하는 것이 아니라는 것이다. 결국 인간이나 사회의 진
정한 행진은 자연의 리듬과 더불어 나아가는 것이다. 이러한 끝부분
의 바로 앞, 모가지를 부르는 외침의 의미는 분명치 않다. 어쩌면, 잔
치에서 종을 치거나 북을 치는 것은 모가지를 위한 것 ── 먹고살기
위한 것이다. 그러나 거기에 종 치는 일의 진정한 의미가 있는 것은
아니다. 그러나 일단 '모가지' 부분은 이렇게 해석하는 것이 가능한
것이 아닌가 한다.

식민지 문인의 처참한 상황

위에 말한 '부랑하는 뒷골목 예술가들 속에서'에서 당대의 예술가들의 어려움을 이야기하면서, 미당은 자기의 시 「밤이 깊으면」(1939)을 인용하고 있다. 이 시는 시의 사명을 생명의 옹호에 있다고 주장한다. 이 사명에서 가장 중요한 것은 빈곤과 빈곤으로 하여 발생하는 범죄를 없앨 것을 요구하는 것이다. 그것을 위해서는 "시퍼런 短刀(단도)의 날을 닦는" 것도 필요하다고 말한다. 이런 점에서 이 시는 어떤 참여시보다도 날카로운 참여시라고 할 수 있다. 다만 그것이 어떤 이데올로기나 슬로건에 의존하는 것이 아니라는 것이 그 특징이라고 할 수 있다. 그 현실 참여적인 내용이 쉽게 눈에 띄지 않는 것도 그 때문일 것이다. 앞에 말한 자서전의 장은 예술가들이 설립한 보헤미아가 주 테마이지만, 그것은 그의 어려운 지경에 대한 자세한 기록이 되기도 한다. 이 시에 직접적으로 영향을 주고 또 실제 사실로서 언급되어 있는 것은 미당 부인의 불안한 마음이다. 언급되어 있는 인물 가운데, 이용악은 떠돌이 문인들의 처참한 지경을 대표하는 인물이다. 그는 공원에서 밤을 지새우기도 하고 친구의 셋방에 끼어들어 자기도 하면서, 완전히 잠잘 방도 없이 지내는 것이 보통이었는데, 미당은 그와 같은 사람이, "겨울밤을 제 방도 안 가지고 헤매는 어둠"[9] 속에서 그래도 자신은 문간 셋방을 가지고 한 이불 안에서 아내와 자식과 밤을 지낼 수 있다는 것을 다행이라고 생각하였다. 그래도 부인은 "누가 잡아다가 팔아먹을까 봐 낮에는 방문 고리를 안으로 늘 잠그고 있었다."[10]라고 한다.

시는 '숙(淑)'이라고 부인의 실명 옥숙(玉淑)에서 따온 글자로 부른 부인을 말하는 것으로부터 시작한다.

밤이 깊으면 淑아 너를 생각한다. 달래마눌같이 쬐그만 淑아
너의 全身을.
낭자언저리, 눈언저리, 코언저리, 허리언저리,
키와 머리털과 목아지의 기럭시를
그속에서 울려나오는 서러운 음성을

이렇게 부인의 육신을 낱낱이 회상한 다음, 거기에 관계되는 여
러 일들, 불안과 어둠을 생각하게 하는 여러 일들을 본다. 설움과 관
계하여, "버꾹이"가 이야기되고, "바윗속에, 黃土밭우에/ 고이는 우물
물과 낡은 時計(시계)ㅅ소리 時計의바늘소리" 그리고 "허무러진 돌무
덱이우에 어머니의屍體(시체)우에 부어오른 네 눈망울우에"해가 지
는 것, 그리고 어둠이 내려와 부인의 오장육부를 적시게 되는 것을 생
각한다. 이러한 세목(細目)들은 다 같이 한시도 버릴 수 없는 걱정, 살
벌한 환경, 죽음의 광경들을 떠올리게 한다. 그리고 시인은 다시 소
나무에 부는 바람을 생각하고, 소나무에 새끼줄 ── 자살을 위한 것에
틀림이 없는 새끼줄이 걸려 있는 것을 생각한다. 이러한 것들은 결국
그의 생각을 "너의絶命(절명)" ── 숙의 죽음에까지 미치게 한다.
시의 다음 부분은 아내에게 일어날 수 있는 불행한 일들을 일반
화하여 그것이 오늘의 많은 사람들에게 해당된다고 한다. 이것도 구
체적인 사정들을 통해서 이야기된다. 아내처럼 "껌정 거북표의 고무
신짝을 신고"쫓겨 가는 여인은 하늘 밑 어디에나 있다. 또 더 일반적

으로 그와 같은 사람은 도시에서 가장 많이 볼 수 있다. 시인은 또 다음과 같은 것을 생각하여야 한다고 말한다.

그많은 三等客車의 步行客의 火輪船의 모이는곳
木浦나群山等地. 아무데거나

그런데 있는골목, 골목의 數灸를,
크다란建物과 적은人家를, 불켰다불끄는모든人家를,
株式取引所를, 公私立金融組合, 聖潔敎堂을, 미사의鐘소리를, 密賣淫
窟을,
모여드는사람들, 사람들을, 사람들을,

결국은 너의 自殺우에서……

위에서 나열된 것들은 인파가 몰리게 되는 식민지 현대 사회의 여러 장소들이다. 그것들은 새로운 사회 변화의 증후가 되는 것들이다. 주식 취인소, 금융 조합, 삼등 객차, 화륜선, 새로 발전 팽창한 항구 도시 목포나 군산 등은 자본주의와 더불어 진행된 근대화의 소산이다. 말하자면, 식민지 근대화의 산품들이다. 성결교회나 가톨릭 미사는, 이러한 발전에 따라 나오게 된 정신적 위안에 대한 요구 또는 '인민의 아편'으로서의 종교'를 말한다. "결국은 너의 自殺(자살)우에서"라고 하는 것은, 이러한 것들이 아내의 죽음을 가져오게 되는 조건이 된다는 말로 생각된다. 그다음의 시구는, 아내의 이야기 또는 이런

사회 속에서의 여자들의 이야기로, 매음녀가 될 가능성을 상상하는
것으로 이어진다. 그리하여 이러한 사회적 조건의 환경을 다시 구체
적인 신변사(身邊事)에 중복하게 한다.

혹은 어느 人事紹介所의 어스컹컴한 房구석에서
속옷까지, 깨끗이 그 치마뒤에있는 속옷까지 베껴야만하는 그러한 順序.
깜한 네 열개의손톱으로 쥐여뜨드며쥐여뜨드며
그래도 끝끝내는 끌려가야만하는 그러헌너의順序를[생각한다].

淑아!

다음 부분에서 이 시의 화자로서의 미당은 이러한 것들 ── 모든
생명체, 인간의 육체, 그리고 나라의 모든 지방, 그리고 자신의 몸의
한가운데에서 그를 부른다고 하고, 이것이, 말하자면, 그에게 모든 억
압에 저항하게 하는 마음을 일으키게 한다고 하는 것이다. 그리고 이
것은 아마 그로 하여금 시를 쓰게 하는 소명(召命)이 되는 것일 것이
다. 조금 지루하지만 이 부분 ── 시의 마지막 부분을 인용한다.

이 밤속에밤의 바람壁의 또밤속에서
한마리의 산 귀똘이와같이 가느다라니 肉聲으로 나를 부르는것.
忠淸道에서, 全羅道에서, 비나리는 港口의어느內外酒店에서,

사실은 내 脊髓神經의 한가운대에서,

씻허연 두줄의잇발을내여노코 나를 부르는것.

슳은人類의 全身의소리로서 나를부르는것.

한개의鐘소리와같이 電線과같이 끊임없이부르는것.

뿌랙·뿔류의바닷물같이, 오히려 찬란헌 만세소리와같이

피와같이,

피와같이,

내 칼끝에 적시여 오는것.

淑아. 네 생각을 인제는 끊고

시퍼런 短刀의 날을 닦는다.

　앞에서 말한 바와 같이, 자서전은 위에 읽어 본 「밤이 깊으면」 전문을 인용하고 있다. 그런데 이 시를 인용하고 난 다음 부분의 자서전의 결론은 약간 의외로 들린다. 이 시를 쓰게 한 "아내와 그러한 사람들에 대한 비슷한 염려는 (……) 오래 계속되고", 그것이 그를 "밥벌이의 자리에서 견뎌 내게 하는 힘이 되어 주었다."라고 한다. 그리고 다른 직장인들도 비슷한 심정이었을 것이라고 말한다.[11] 이러한 결론은 직장에서 참고 있는 사람들도 저항 운동에 나설 준비를 하고 있었다는 것일까? 아니면, 위에 나오는 종소리에 대한 언급으로 보아, 바닷물에 "亂打(난타)하여 떠러지는 나의 鐘(종)ㅅ소리"처럼 생명의 근원을 상기하여, 우선 목숨을 보존하는 일터라도 지키면서 때를 기다려야 한다는 것인가?

어떤 의미이든지 간에, 미당이 일제하의 어려움 — 특히 궁핍한 형편에 대하여 예리한 감각을 가지고 있었던 것은 틀림이 없다. 앞에서 말한 바와 같이, 사실 그의 육체주의 또는 관능주의도 그가 처했던, 그의 관점에서 파악된 당대적 사정에 대한 반응 — 그것도 수동적이 아니라 적극적인 반응이고 저항이었다. 그러나 무거운 현실 앞에서 어떤 주의 주장에 입각한 저항이 무슨 현실적 의미를 갖는가? 어떻든, 그것이 어떤 것이든, 중요한 것은 현실 그것으로 돌아오는 것이라고 할 수 있다. 과연 미당은 현실로 돌아온다. 물론 그것은 반드시 주어진 현실 —「밤이 깊으면」과 같은 시에서 기술되어 있는 현실이 아니라, 다른 현실 — 그가 고향에서 체험하고 또 역사적인 사실로 재구성한 신화적인 현실로 되돌아간다.

6 두 가지 선언

농촌의 삶

시를 쓰면서, 미당은 예술가 보헤미아의 일원이 되면서도, 자서전의 한 부분, '부랑하는 뒷골목 예술가들 속에서'에서 볼 수 있는 바와 같이, 거기로부터 일정한 거리를 유지한다. 그는 그들의 부랑을 그대로 받아들이기에는 조금 더 엄숙한 인간이었다고 할 수 있다. 그는 현실이야말로 사람이 발붙이고 살아야 할 근본이라는 확신을 가지고 있었던 것 같다. 사실 그의 탐미주의도 그것 자체보다도 육체적 존재로서의 인간의 현실의 전면적 인정의 일부로서 의미를 가졌다고 할 수 있다. 물론 이 전면적 현실에서 중요한 부분은 식민지 예술인의 방황이었다. 「밤이 깊으면」에서 이야기되어 있는 것처럼, 정상적 삶에 대한 빈곤의 위협도 그가 느끼지 않을 수 없던 현실이었다. 그는 자신의 삶을 이러한 현실 속에 위치하게 하고자 하였던 것 같다. 이것은 사상적 확신의 주장 이외에, 실재하는, 또는 실재할 수 있는, 현실을 확인하고 그 현실 속에 자기를 놓겠다는 결단으로 나타나기도 했다.

1938년에 쓰인, 김동리(金東里)에게 주는 것으로 되어 있는 시 「엽서(葉書)」는, 관능적 욕망의 주체로서 또는 사회적 양심으로서만이 아니라, 있는 대로의 자기를 있는 대로의 세계 속에 두겠다는 그의 결심을 강하게 내세우는 시이다. 이 시에서 그는 그의 현실 의지에 스며 있는 프랑스적이기도 하고 성경의 「아가」에 비슷하기도 한 감정적인 면까지도 사상(捨象)하고, 『화사집』이나 『귀촉도』의 낭만적 감정들도 버리고 강한 현실주의 ─ 그리고 그 현실에서의 자기의 자기됨을 표방한다.

葉書

─ 東里에게

머리를 상고로 깎고 나니
어느詩人과도 낯이 다르다.
꽝꽝한 니빨로 우서보니 하눌이 좋다.

105   떠돌이의 귀향

손톱이 龜甲처럼 두터워가는것이 기쁘구나.

솟작새같은 게집의이얘기는, 벗아
인제 죽거든 저승에서나 하자.
목아지가 가느다란 李太白이 처럼
우리는 어찌서 兩班이어야 했드냐.

포올 · 베르레-느의 달밤이라도
福童이와 가치 나는 새끼를 꼰다.
巴蜀의 우름소리가 그래도 들리거든
부끄러운 귀를 깎어버리마

이 시는 시인으로서 자신이 지향하는 것이 이태백과 베를렌과 같
은 감상의 시인이 되는 것이 아니라고 한다. 이태백은, 적어도 미당의
생각으로는, 자신의 단단한 이빨과 손톱에 대조하여 가는 목을 가진
시인이다. 베를렌이 달밤의 시인, "흰색의 달(la lune blanche)", 또는 "맑
은 달(Clair de lune)"처럼 슬픔이나 흐느낌이 가득한 "정교한 시간(l'
heure exquise)"을 말하는 시인이라면, 자신은 농촌에서 복동이와 같이
새끼를 꼬는 사람이고자 한다고 말한다. 그래서 그가 원하는 것은 평
범한 농촌의 일꾼이 되는 것이다. 그는 감상적 시인이 되지도 않겠거
니와 양반이 되겠다는 야망도 이제는 부질없는 일이다. 그래도 파촉
의 울음소리가 들릴 수는 있다. 그런 경우에는, 귀를 베어 버리더라도
그것을 듣지 않겠다고 한다.(파촉은 미당의 시에 자주 나오는 것인데, 유형

지 또는 망명할 곳을 말하고, 미당이 중국으로 갈 생각을 했다는 점에서, 그의 입장에서 망명지로서의 중국을 말한다고 할 수 있다.)

「엽서」에 들어 있는 흥미로운 선언의 하나는 사회적 신분에 대한 것이다. 그는 이 시에서 연약한 감성의 시를 부정하고 건강한 농민이 되겠다고 다짐하면서, 동시에, "우리는 어찌서 兩班(양반)이어야 했드냐" 하고, 인간에 대한 신분적 정의를 부정한다. 「자화상」에서 우리는 그가 도전적으로 자신의 "애비"가 종이었음을 선언하는 것을 보았다. 신분에 대한 미당의 느낌은 상당히 강했던 것으로 보인다. 그는 자서전에서, 일찍이, 「나의 방랑기(放浪記)」에, "일정 때 나는 양반행세배들에게 강한 반발을 품은 나머지 이 심미파를 내 정신 족보로 삼아 나는 너희들 고루한 양반이 아니라 산 '쌍놈'의 족속이다는 말을 쓴 일이 있다."[12]라고 적고 있다.(미당의 정의로는, 농촌에는 유가(儒家), 자연파, 심미파가 있는데, 심미파는 학문을 모르고 춤과 소리를 즐기고 신나게 사는 농촌의 하류민이다.) 그리고 그는 자서전에서 아버지가 마름 일을 하고 있다는 것을 알고 그것을 그만두어야 한다는 것을 강조하였다는 것도 되풀이하여 말하고 있다. 그러나 「엽서」는 한걸음에 이 모든 것을 버리고 단순한 농민이 되겠다고 선언한다.

그러나 미당이 쉽게 농사일의 삶으로 돌아간 것은 아니다. 그리고 본래 농사일을 하면서 자란 것도 아니다. 그러기 때문에, 새끼 꼬는 사람이 된다는 것은 마음속에 있는 생각의 하나일 뿐이다. 그러나 그가 농촌의 삶에 동조하는 것은 틀림이 없다. 그것은, 뒤에서 보듯이, 고향 마을의 공동체적 성격, 그것의 느슨한 인간다움을 좋아하였기 때문이다. 그러나 어떻든지 간에 쉽게 농촌으로 돌아갈 수 없다는 것은 사실이었다. 위의 시에서 표현하고 있는 것은 어떤 사회적 상황 — 개인적 상황, 또 한국 사회의 전체적 상황에 대한 비판 의식이다. 그리고, 그것은, 어쩌면, 그가 택한 시인의 길이 가져오는 불안정에 관계되는 것이기도 할 것이다. 그는 두루 이러한 것들과 관련하여서는, 부정적인 그리고 나아가서 절망적인 판단과 느낌을 가지고 있었다. 『화사집』을 전후한 그의 시의 상당수는 이러한 느낌을 표현한다. 말할 것도 없이, 그의 강한 의지 — 저항적인 의지는 이 부정과 절망에 대한 반작용이다.

수대동 살기 ─ 또 하나의 가능성

「엽서」에서, 미당은 연애나 연약한 시를 쓰는 사람이 아니라 농촌의 자연스러운 농부가 되겠다고 하였지만, 이미 말한 바와 같이, 그것도 하나의 상상된 가능성에 불과하고 그는 삶의 근본 원리로서의 사랑 ─ 육체를 포용하는 사랑의 이념도 버리지 못하지만, 더구나 시인으로서의 삶을 버리지 못한다.(이것이 그의 신분 상승을 실현하는 한 방안이었는지도 모른다. 시인이 되는 것은 높은 신분을 새로 얻는 것이었을 것이다.) 양반은 아니지만, 그런대로 유족한 생활 조건, 교육, 문학에 대한 관심, 시인으로서의 소명감 ─ 여러 사실적 조건으로 하여서도 그가 농민이 되는 것은 쉬운 일이 아니었을 것이다. 그러나 농촌의 삶은 그에게 열려 있는 삶의 방식의 하나임에 틀림없다. 『화사집』에 수록되어 있는 시로서도, 「수대동시(水帶洞詩)」는 실제 가능할 수 있는 농촌적인 삶의 선택을 이야기한다. 이 시가 말하는 것은 반항으로 선택하는 것이 아니라 순응으로서 선택하는 농촌의 삶이다. 그리고 그것의 전통적 인간관계 또는 인륜을 그대로 받아들이는 것이다.

水帶洞詩

흰 무명옷 가라입고 난 마음
싸늘한 돌담에 기대어 서면
사뭇 숫스러워지는 생각, 高句麗에 사는듯
아스럼 눈감었든 내넋의 시골
별 생겨나듯 도라오는 사투리.

등잔불 벌서 키어 지는데……
오랫동안 나는 잘못 사렀구나.
샤알·보오드레-르처럼 설ㅅ고 괴로운 서울女子를
아조 아조 인제는 잊어버려,

仁旺山그늘 水帶洞 十四번지
長水江 뻘밭에 소금 구어먹든
曾祖하라버짓적 흙으로 지은집
오매는 남보단 조개를 잘줍고
아버지는 등짐 서룬말 졌느니

여긔는 바로 十年전 옛날
초록 저고리 입었든 금女, 꽃각시 비녀하야 웃든 三月의

109

금女, 나와 둘이 있든곳.

머잖어 봄은 다시 오리니
금女동생을 나는 얻으리
눈섭이 검은 금女 동생,
얻어선 새로 水帶洞 살리.

첫 연에서 복장부터 벌써 예스러운 것으로 입은 시인에게, 삶의 환경도 현대식 건물이 아니라 돌담으로 대표된다. 그리하여 눈 감았던 전통으로 돌아가겠다고 하는데, 그것은 마음의 깊은 곳으로 그리고 먼 전통으로, 가령, 고구려 전통으로 돌아가는 것이라고 한다.(우리는 위에서 한국의 전통에서 신라가 보다 전인적(全人的)인 삶의 양식을 구현했다는 것을 보았으나, 여기에서는 고구려가 그러한 나라였다고 한다.) 시인의 혈통에서는, 그러한 삶은 뻘 밭, 흙으로 지은 집, 조개 줍기, 등짐 지고 나르기 등으로 대표된다. 남녀 관계도 서양에서 보는 바와 같은 개인의 자유 선택권에 기초한 복잡한 연애로 표현되지 아니한다. 처음에는 단장을 한 예스러운 "금女"가 사랑의 대상이다. 그러나 그 사랑은 서양 문학에서 보는 바와 같은 한 사람과의 열애가 아니라 언니가 아니 되면, 동생을 얻어 아내로 삼을 수 있는, 자연스러운 배우자 선택을 허용하는 사랑이다. 시인은 이러한 삶의 방식을 받아들이고 서울이 아니라 시골 — 수대동이란 곳에서 살겠다고 한다. 다만 한 가지 유보 사항이 있다면, 봄이 오면 그렇게 하겠다는 것이다. 다가오는 봄은 무엇을 말하는 것인지는 분명치 않다. 그것은 바로 계절로서의 봄일 수도 있지만, 이러한 것들이 미당 시에서 상징적인 의미를 갖는 일이 많다는 것을 참조하면, 그것은 일제 식민 통치의 종말을 말하는 것일 수도 있고, 그가 생각하는 이상(理想) 세계 — 적어도 전체적인 문맥이나 다른 시와의 관련으로 보아, 현대 문명은 아닌, 그가 생각하는바 고구려적인 또는 신라적인 삶의 방식이 실현된 시대를 말한다고 할 수도 있다.(다시 한 번 위에 언급한 「한국성사략」에 비추어 보면, 유교적 세계와 식민지의 허무감이 소멸된 세계를 말한다고 할 수도 있다.) 이러한 요소들이 있기는 하지만, 여기의 선택은, 현실적 결단성을 보여준다는 인상에도 불구하고, 「엽서」의 선택보다는 현실적인 선택이라고 할 것이다.

7 떠돌이의 귀향

전주곡——멀리 또 곁에 있는 사랑의 여신

고구려나 신라가 반드시 먼 이상향만을 의미한다고 할 수는 없다. 그러나 전인적 삶의 이상은, 적어도 미당의 관점에서는, 서양 사상이나 서양의 근대에 비추어 볼 때, 한국 현실의 내부에 남아 있거나 잠재해 있다고 할 수 있다. 그에게 이것은 미당의 시에서 지속적인 탐구의 대상이 된다. 앞에서 이미 말한 바와 같이, 『신라초』(1960)의 주류를 이루는 것은 이러한 보다 전 인간적인 세계로서의 신라에 대한 시적 탐구이다. 또 이것을 그 이전의 상고 시대까지 밀고 나가고 있는 것이 『학이 울고 간 날들의 시』(1982)라고 할 수 있다. 그러나 그 중간의 다른 시집들에도 이러한 관심은 수시로 등장한다. 그리고 물론 이들 시집에는 이런 주제적 추구에 직접적인 관계를 갖지 않은, 다른 시적 계기에서 쓰인 시들도 많다. 여기에서 말하는 것은 전체적으로 그의 시 세계의 조감도이다.(조선 시대의 유교 체제에 대하여, 한국의 현대사가 추구해 온 것이 근대 산업 국가 — 자본주의일 수도 있고 공산주의일 수도 있는 — 근대 산업 국가라고 한다면, 미당은 또 하나의 선택으로서 신라와 고대 조선을 새로운 모델로 제시하고자 한 것이다.)

그런데 미당의 생각으로는, 이러한 역사적 흔적을 떠나서도, 그러한 이상의 세계에 가까운 곳 또는 적어도 보다 인간적인 공동체가 존재한다. 그는 그것을 자신의 고향 마을에서 체험했다고 생각한다. 그것을 기록한 것이 『질마재 신화(神話)』(1975)이다. 그런데 한 가지 주의할 것은 이러한 보다 인간적인 세계를 마을이나 역사 속에서 발견하기 전에 그의 마음이 상당히 변하게 된다는 점이다. 그렇다는 것은 『화사집』을 설명하면서 그가 한 말, "육체의 건전한 돌진으로 모든 비극을 이겨 내려던" 그의 강인한 의지가 이완(弛緩)된다는 것이다. 사실 미당의 유명한 시 여러 편은 이 범주에 속한다. 위에서 본 「수대동시」도 거기에 속한다고 하겠지만, 『화사집』 다음의 시집, 해방 이후 1948년에 나온 『귀촉도』 그리고 1956년의 『서정주시선(徐廷柱詩選)』에는 특히 이러한 시가 많이 수록되어 있다고 할 수 있다. 다만 여기에 수록된 시들에서 사상적 추구의 진전을 찾는다면, 그것은 현실을 그대로 받아들이는 태도가 더욱 분명해진다는 것이다. 그런 다음에 미당의 시적 탐구는 신라와 상고 시대 그리고 옛 고향을 향하게 된다.

전환의 어려움 그렇다고 그의 시적 역정이 반드시 일직선으로 진행되지는 아니한다. 그전의 열정의 시 ── 열정의 고통과 결단을 포함하는 열정의 시가 갑자기 사라지는 것은 아니다. 그리고 대긍정에의 진전에도 불구하고 부정에서 긍정으로 옮겨 가는 중간 단계가 있다. 『귀촉도』의 「무제(無題)」는 이러한 어려움을 극적으로 말하는 시이다.

無題

　여기는 어쩌면 지극히 꽝꽝하고 못견디게 새파란 바윗속일 것이다. 날쎈 쟁깃날로도 갈고 갈수없는 새파란 새파란 바윗속일것이다.

　여기는 어쩌면 하눌나라일것이다. 연한 풀밭에 벳쟁이도 우는 서러운 서러운시굴일것이다.

　아 여기는 대체 몇萬里이냐. 山과 바다의 몇萬里이냐. 꽉꽉해서 못가겠는 몇萬里이냐.

　여기는 어쩌면 꿈이다. 貴妃의墓ㅅ등앞에 막걸릿집도 있는 어여뿌디 어여뿐 꿈이다.

　위 「무제」가 말하고 있는 것은 답답한 마음이다. 그것은 "여기"란 곳이 바위 속이라는 것, 다른 데 또는 가야 할 데에서 한없이 먼 곳이라는 말에 표현되어 있다. 그런데 그러한 바위 속이 벗어날 수 없는 곳이라면, 어떻게 하여야 할 것인가? 귀비의 묘지 앞에 막걸리 집이 있다면? 사람들은 아마 우선 막걸리를 마시게 될 것이다. 그리고 그 것은 삶을 있는 대로 즐기는 일이기도 할 것이고, 근접할 수 없는 귀 비(貴妃)를 기리는 — 멀리서, 추억으로서, 기리는 일이 되기도 할 것 이다. 그런 데다가 바위 속은 하늘빛이고, 거기에는 풀밭이 있고, 배 짱이도 우는 것이 아닌가? 그것은 사람이 아는 이 세상과 같은 곳이 아닌가? 그것이 일장춘몽에 불과하다고 하여도, 이 세상이 그러한 곳 이라면, 그것은 아름답기도 한 곳이고, 그곳이 실재한다는 것은 꿈이 라도, "어여쁘디어여쁜" 꿈이 아니겠는가? 이러한 것을 생각할 때, 그 리고 탈출할 도리가 없는 꽉 막힌 곳이라 하더라도, 그리고 그것이 미 몽(迷夢)의 세계라 하더라도, 할 수 있는 일은 푸른 바위 속이 아름다 울 수도 있는 곳이라는 것을 인정하는 도리밖에 없을 것이다.

그리움과 세상 — 춘향 시 「무제」의 세계는 이미 죽어 버린 귀비가 부재하는 세계이다. 그리하여, 귀비가 사모하는 존재, 그리워하는 존 재라고 할 때, 그것은 그러한 그리움이 실현될 수 없는 세계 — 삭막 한 세계이다. 그러나 그리움이 없다면, 세상이 살 만한 세상일 수 있 을까? 그것은 그야말로 삭막하기 그지없는 세상일 것이다. 그렇다면, 그리움이야말로, 충족될 수 없는 것이라고 하더라도, 세상을 살 만 한 것이 되게 하는 동인(動因)이 아니겠는가? 미당이 그런 것을 언급 하고 있지는 않지만, 중세 유럽의 많은 로망스에서 참다운 사랑은 언 제나 "멀리 있는 귀비(la princesse lointaine)"를 향하는 것으로서 현세에 서 이루어질 수 없는 것이면서, 그러한 귀비를 사랑하는 기사로 하여 금 사랑하는 사람에 값할 만한 고귀한 일들을 하게 하는 동인이 되는 것으로 이야기된다. 이것은 고귀한 여성을 향한 남성의 사랑이지만, 그 반대의 경우도 있다.(아델베르트 폰 샤미소(Adelbert von Chamisso)의 시에 붙인 슈만의「여자의 사랑과 삶(Frauenliebe und -leben)」이 그러한 것이다. 이 시의 여인은 자신을 "낮은 처녀"라고 하고, 사모하는 기사를 "숭엄함의 별"이라 한다.) 위의「무제」에서 무덤의 귀비는 사모의 대상이 된 존재이다. 귀비는 사랑과 그리움의 대상이면서도, 근접할 수는 없고, 또 그러면서 삶을 의미 있게 하는 존재이다. 그리고 지금 말하고 있는 미당 중기의 시적 탐구의 전환에 있어서,『서정주시선』에 나오는 춘향을 주제로 한 시도 그에 비슷한, 실현되지 않으면서 진실된, 실현되지 않으니만큼 더욱 진실된, 사랑을 말하는 시로 읽힐 수 있다.「춘향 유문(春香 遺文)」은 죽음의 영원한 이별에도 불구하고 또는 바로 그것으로 인하여 영원히 존재하게 되는 사랑을 이야기한다.

春香 遺文

—— 春香의 말 參

안녕히 계세요
도련님

지난 오월 단오ㅅ날, 처음 맞나든날
우리 둘이서 그늘밑에 서있든
그 무성하고 푸르든 나무같이
늘 안녕히 안녕히 계세요

저승이 어딘지는 똑똑히 모르지만
춘향의 사랑보단 오히려 더 먼
딴 나라는 아마 아닐것입니다

천길 땅밑을 검은 물로 흐르거나
도솔천의 하늘을 구름으로 날드래도
그건 결국 도련님 곁 아니예요?

더구나 그 구름이 쏘내기되야 퍼부을때
춘향은 틀림없이 거기 있을거예요!

여기의 춘향 설화의 출전은 분명치 않지만, 의미는 분명하다. 그
것은 흔히 낭만적 사랑의 이야기에서 들을 수 있는 영원한 사랑을 이
야기한 것이라고 할 수 있다. 독창적인 것이 있다면, 그것은 이야기
자체가 그렇고, 사랑이 도솔천과 같이 수억 년의 먼 곳에 있어도 가까
이 있다는 것 그러면서 땅 밑에 있고 또 소나기 내릴 때, 거기에 있다
는 것과 같은 생각일 것이다. 멀리 있어도 곁에 있다는 것은 사랑이
거리와 시간에 관계없이 존재한다는 말이고, 소나기와 더불어 가까
이 있다는 것은 사랑이 자연 속에 스며서 존재한다는 것이다. 자연의
무상하면서 영원함에 대한 비유는 앞에서 나왔던 둘이서 만나던 날
의 무성한 소나무처럼 안녕하라는 말에 함축되어 있다. 그것은 한번
존재하는 생명은 영원하다는 함축을 가지고 있기 때문에, 또 하나의
형이상학적 해석을 필요로 한다고 할 수 있다.

그러나 전체적으로 영원한 사랑의 주제는 별로 새로운 것이 아니다. 더 기발한 그러면서 미당의 새로운 여유 있는 마음을 드러내 주는 것은 춘향에 관한 다른 시들에 들어 있는 생각들이다. 춘향을 주제로 한 세 개의 시 가운데 첫 번째 시, 「추천사(鞦韆詞)」는 멀리 있으면서 가까운 사랑의 우화이다. 춘향은 향단에게 그가 탄 그네를 한껏 밀라고 한다. 그는 그네를 타고 세상의 자질구레한 일로부터 —— "수양버들 나무"와 "벼갯모"에 들어 있는 것과 같은 "풀꽃댐이"와 "나비" 또는 "꾀꼬리"와 같은 것들로부터 풀려나고자 한다고 한다. 그리하여 산호(珊瑚)도 섬도 없는 저 하늘로 가고 싶다고 한다. 그러나 결국 그렇게 멀리 —— "西으로 가는 달"같이는 갈 수 없다는 것을 춘향은 알게 된다. 그리하여 바라는 것은 바람이 파도를 밀어 올리듯이 올라가게 해 달라는 것이다. 결국 춘향이 타고 있는 것은 오르고 내림을 되풀이하는 그네일 뿐이다. 사람의 사랑이 초월적인 것까지를 포용하고자 하는 것은 이해할 수 있다. 그러나 사랑의 주소는 지상일 뿐이다. 지상에 있으면서, 지상의 조건의 제약을 받아들이면서, 먼 것을 지향하는 것이 인간의 주어진 운명이다. 추천(鞦韆), 그네는 그에 대한 적절한 상징이 된다.

두 번째의 춘향 주제의 시, 「다시 밝은날에」도 위에 언급한 시들에 들어 있는 주제를 조금 더 넓게, 그러나 자연 현상에 연결하여 설명한다. 처음에 사랑은 자연에 널리 퍼져 있는, 어떤 목표가 있는 것이 아닌, 에너지이다. 사랑의 에너지와 그 변형을 관장하는 것은 인간이 아니라 자연을 관장하는 신령이다. 그리고 이 도령은 이러한 신령의 현신(現身)이다. 그리하여 시에서 춘향의 대화자는 "신령"이다.

신령님…….

처음 내 마음은
수천만마리
노고지리 우는 날의 아지랑이 같었읍니다

번쩍이는 비눌을 단 고기들이 헤엄치는
초록의 강 물결
어우러져 날르는 애기 구름 같었읍니다

　그러다가 신령=이 도령이 나타났을 때, 아지랑이와 구름은 "미친
회오리 바람"이 되고 벼랑의 폭포 그리고 "쏟아져 네리는 쏘내기비"
가 된다. 에너지의 중심에 집중되는 자연 현상이 되는 것이다. 그러다
가, "바닷물이 적은 여울을 마시듯이", 신령님은 이 도령을 데려가고,
"휘-ㄴ한 내[춘향의] 마음에 마지막 타는 저녁 노을"이 되고 "그러고
는 또 기인 밤"을 둔다. 즉 춘향의 마음에, 큰 종말을 나타내는 자연
현상에 비슷한 느낌을 남긴 것이다. 노을과 같은 슬프면서 아름다운
현상과 긴 기다림의 밤은 사랑의 한 결과이다.
　그리고 일단의 종결 후에 또 한 번의 순환과 변신이 일어난다.

신령님…….

그리하여 또 한번 내위에 밝는 날

이제

산ㅅ골에 피어나는 도라지 꽃같은

내 마음의 빛갈은 당신의 사랑입니다

　여기의 산골의 도라지꽃은 조촐한 식물 —— 생명의 조촐한 아름다움을 나타내는 것으로 생각된다. 처음에 사랑은 아지랑이나 구름같이 막연한 것이었다가 커다란 자연 현상과 같이 강력한 것이 되고 이어서 작은 식물과 같은 존재로 정화된다. 자연 속의 모든 생명 현상은 사랑의 표현이다. 그런데 도라지꽃이 된 것은 춘향이라기보다는 춘향이 마음이다. 또는 그 마음이 도라지꽃의 색깔을 띠게 된 것이다. 그러니까 그 마음이 그것을 접하는 사람에게 생명의 작은 기쁨을 주는 매체가 된 것이다. 그리고 이것은 본래부터 신령＝이 도령의 기능이기도 하다. 사랑은 직접 작용하면서도, 보다 넓은 관점에서는 생명의 기쁨을 보다 보편적으로 알게 하는 매개체이다.

　멀리 있는 사랑　이렇게 볼 때, 사랑의 의미는 두 사람 사이의 성적 결합에 있는 것이 아니다. 다시 『귀촉도』로 돌아가서, 「견우(牽牛)의 노래」는 그에 대한 한 예가 될 것이다.

牽牛의 노래

우리들의 사랑을 위하여서는

이별이, 이별이 있어야 하네

높었다, 낮었다, 출렁이는 물ㅅ살과
물ㅅ살 몰아 갔다오는 바람만이 있어야하네.

오── 우리들의 그리움을 위하여서는
푸른 銀河ㅅ물이 있어야 하네.

도라서는 갈수없는 오롯한 이 자리에
불타는 홀몸만이 있어야 하네!

織女여, 여기 번쩍이는 모래 밭에
돋아나는 풀싹을 나는 세이고……

허이언 허이언 구름 속에서
그대는 베틀에 북을 놀리게.

눈섭같은 반달이 중천에 걸리는
七月 七夕이 도라오기까지는,

검은 암소를 나는 먹이고
織女여, 그대는 비단을 짜ㅎ세.

　　위의 시는 자연스럽게 견우직녀의 신화에 의존하여, 앞의 시에서
본 바와 같은 멀리 있는 남녀의 사랑을 이야기한다. 그러면서, 그것도

앞에서 본 것이지만, 물결과 같은 고저의 감정과 불타는 사랑이 있어야 한다는 것이 이야기된다. 그러면서 이 물결은 또한 은하처럼 길고 먼 것이어야 한다고 한다.

멀고 가까운 사랑에 대한 또 하나의 재미있는 예로, 『서정주시선』의 「춘향 유문」 다음에 실린 「나의 시(詩)」를 들 수 있다. 이 시에서 주제는, 제목으로나 내용으로 보아, 미당 자신의 시이다. 그러나 시인이 말하고 있는 배경을 보면, 이것은 보다 넓게 사랑에 관계되는 시이기도 하다. 이 이해를 위해서는 사랑에 바치는 선물이 시라고 생각하여야 한다.

나의 詩

어느해 봄이던가, 머언 옛날입니다.
나는 어느 親戚의 부인을 모시고 城안 冬柏꽃나무그늘에 와있었읍니다.
부인은 그 호화로운 꽃들을 피운 하늘의 部分이 어딘가를
아시기나 하는듯이 앉어계시고, 나는 풀밭위에 흥근한 落花가 안씨러워
줏어모아서는 부인의 펼쳐든 치마폭에 갖다놓았읍니다.
쉬임없이 그짓을 되풀이 하였읍니다.

그뒤 나는 年年히 抒情詩를 썼읍니다만 그것은 모두가 그때 그 꽃들을 주서다가 다리던 ── 그 마음과 별로 다름이 없었읍니다.

그러나 인제 웬일인지 나는 이것을 받어줄이가 땅위엔 아무도 없음을

봅니다.

　내가 줏어모은 꽃들은 제절로 땅우에 떨어져 구을르고 또 그런다음으로
밖에는 나는 내詩를 쓸수가없읍니다.

　시인은 말한다. 시는 멀리 있는 애인 또는 귀비에게 받치는 사랑
의 표시라고. 그것은 반드시 그에 대한 직접적인 보상 —— 사랑의 보
상을 기대하기 때문에 헌정하는 선물은 아니다. 단지 그것을 허락한
다는 것만으로 보상은 충분하다. 그런데 한 걸음 더 나아가 말하자면,
어떤 경우에나 시인은 시를 쓴다. 그것은 그가 세계를 사랑하기 때문
이다. 물론 세계에는 그것을 받아 줄 수 있는 애인 또는 귀비가 없다.
그것은 완전히 일방적인 행위일 수도 있다. 그러나 시인의 사랑은 충
분히 그 공백을 메울 만큼 크다. 그러나 그 사랑이 대상을 얻지 못하
여, 그 사랑 —— 시로서 표현되던 사랑이 이울어 버릴 수도 있는 것이
세상이다. 이러한 사연의 현실성은 마지막에 나오는 개인적인 설명
에 들어 있는 내용이다.(그러면서도 미당은 시 쓰기를 계속하였다. 이것은
시라는 사랑의 조건을 조금 더 복잡하게 설명할 것으로 요구한다.)
　「나의 시」는 해방 후에 쓴 것이지만, 이 시를 쓰게 된 사연은 미
당이 장가들던 1938년에 있었다.(시인은 자신의 체험을 한없이 반추하는
인간으로 보인다. 적어도 미당은 그러한 사람이 아니었나 한다.) 그는 자서
전에서 이 시의 친척 부인이 곧 자신의 장모라고 말한다. 미당이 아버
지의 뜻에 따라 정읍(井邑)으로 장가를 가고, 처가에 처음 갔을 때 마
음에 든 것은 아내보다도 장모였다. 그때 장모는 서른여덟이고 아내
는 열아홉이었다. 그의 눈에 장모는 "모든 규모(規模)가 크고 의젓해

서 여신(女神)에 방불한 데가 있었"다. 재행(再行) 갔던 날 함께 앉아 술잔을 기울이다가 "잠모님은 이쁘시다"는 말을 했는데, "참 유생(儒生)인 장인"이 화를 내어 그는 몸 둘 바를 몰랐다. 그러나 이 비슷한 일 — 장모가 아내보다 더 좋은 것과 같은 일 — 은 사람의 삶에서 자주 일어나는 일이라고 미당은 쓰고 있다.[13] 비슷한 일로 미당은 네 명의 여성이 그의 사랑을 자극하였다는 이야기를 「무슨 꽃으로 문지르는 가슴이기에 나는 이리도 살고 싶은가」에서 말하고 있다. 어릴 때 보았던 네 명의 처녀들이 그로 하여금, 시 제목에 이야기된 바를, 시에서 설명되어 있는 말로, "處理(처리)할수없는 내 生命(생명)의 歡喜(환희)를 理解(이해)할" 수 있게 하였다는 것이다.

이별과 사랑 시집의 제목이 된, 「귀촉도」는 바로 사랑의 역설 — 멀리 있는 사랑이 참으로 깊은 사랑이며, 생명의 환희를 알게 하고 삶을 살 만하게 하는 동인(動因)이라는 것을 신화적으로 압축한 시이다.

歸蜀途

눈물 아롱 아롱
피리 불고 가신님의 밟으신 길은
진달래 꽃비 오는 西域 三萬里.
흰옷깃 염여 염여 가옵신 님의
다시오진 못하는 巴蜀 三萬里.

신이나 삼어줄ㅅ걸 슳은 사연의

올올이 아로색인 육날 메투리.

은장도 푸른날로 마냥 베혀서

부즐없은 이머리털 엮어 드릴ㅅ걸.

초롱에 불빛, 지친 밤 하늘

구비 구비 은하ㅅ물 목이 젖은 새,

참아 아니 솟는가락 눈이 감겨서

제피에 취한새가 귀촉도 운다.

그대 하늘 끝 호올로 가신 님아

말할 것도 없이 이 시는 촉(蜀)의 망제(望帝)의 전설을 바탕으로 하고 있다. 그의 혼령이 두견새가 되었다는 전설은 시의 뒷부분에 나온다. 그러나 이 시가 반드시 반란을 일으킨 장인이며 신하인 별령(鼈靈)에 의하여 쫓겨난 망제의 이야기를 하고 있는지는 분명치 않다. 처음에 이야기되는 "님"은 망제일 수도 있고 아닐 수도 있다. 촉은 한고조(漢高祖) 유방(劉邦)의 이야기에서도 보듯이 멀리 떨어져 있는 접근이 어려운 곳이다. 이 시에서는 일단 촉은 접근하기 어려운 먼 곳 정도로 생각하는 것이 좋을 것이다. 그곳은 삼만 리 떨어져 있는 먼 곳, 흔히 그곳을 이야기할 때 이야기되는 잔도(棧道)를 거치지 아니하면 갈 수 없는, 다시 돌아올 수 없이 먼 곳이다. 그것은 "가옵신 님"이란 말이 함축하고 있듯이, 죽음의 길일 수도 있다. 그러나 주목할 것은 그곳이 진달래 피는 아름다운 곳이고, 가시는 임이 옷깃을 여며 입고 예의를 바르게 하고 가야 할 만큼 존엄한 곳이라는 사실이다. 그리고 임은 그곳으로 피리를 불고 가는 것으로 이야기되어 있다. "눈물 아롱 아롱"에 나와 있는 눈물은 떠나는 임이 흘리는 것일 수도 있고, 떠나 보내는 화자 — 아마 그를 사모하는 여인이 흘리는 것일 수도 있다. 여기의 이별은 가는 곳이 멀고 험난한 곳이고 다시 만날 수 없게 되는 이별 그리하여 눈물이 날 수밖에 없는 비극적 사건이지만, 전체적으로 볼 때는 아름다운 일로서 이야기되어 있다. 눈물이 아롱아롱하다는 자체가 눈물까지도 아름답다는 것을 가리킨다.

그리하여 이 시는 비극적인 아름다움을 노래하는 시이다. 이것은 임을 보내는 여인도 받아들이는 사실이다. 그리하여 여인은 온갖 정성을 다하여 님을 파촉으로 보내게 된다. 미투리를 바치는 것은 여행 준비를 보다 완전하게 해 준다는 말이겠는데, 여인의 정절의 상징인 은장도로 머리를 베어 무엇인가를 — 또는 미투리를 엮어 드린다는 것은 이별의 비극을 완전히 받아들인다는 것을 가리킨다. 그것은 운명을 아름답게 연출해 내는 일이다.

그런데 이러한 아름다운 비극은 자연이 숨겨 가지고 있는 비밀된 진실이기도 하다. 두견새가 사람에게 주는 느낌이 그러한 것이다. 우는 두견의 환경 자체가 광활한 자연과 그 속에서의 고립을 드러낸다. 은하는 한없이 멀고 길고, 그 길을 가는 고독한 임, 새, 또는 자연 존재는, 그리고 자연 자체도, 그 긴 길에 지칠 수밖에 없다. 그 광활한 우주를 초롱불 밝히고 가듯 하는 것이 그 안에 사는 두견이고 사람이다. 그러나 그러한 비극적 상황도 아름다울 수 있다. 그리하여 그것은 차마 아니 나오면서도 나오는 "가락" — 음악이 된다. 이것은 주어지는 운명의 비극에 순응하는 일이지만, 동시에 자기 내면의 부름에 호응하는 것이고, 자기의 피 속에서 나오는 요구를 따르는 일이다. 그것은 자기실현이고 자기완성이 될 수 있다. 비극 속의 아름다운 자기실현은 모든 사람의 운명이다. "그대 하늘 끝 호올로 가신 님아"── 마지막은 이렇게 끝난다. 보내는 여인의 모든 헌신에도 불구하고 떠나는 임도 홀로, 스스로의 길을 피리를 불며 가야 한다. 그러나 이 모든 것은 아름다운 삶의 진실의 구현이 될 수 있다. 사랑이 있고, 이별이 있고, 사랑의 고독이 있어서 이러한 삶의 진실이 가능하다. 이 진실은, 아름다운 삶과 아름다운 우주를 드러나게 한다. 그리하여 떠나는 사람이 음악을 연주한다.

떠나가는 임의 길에 진달래꽃을 깔아 놓겠다는 김소월의 「진달래꽃」이 말하는 것도 불가피한 이별을 아름답게 받아들여야 한다는 것이다.(떠나는 임의 발밑에 금빛과 은빛으로 수놓은 하늘의 옷감을 깔아 놓겠다는 예이츠의 시 「그는 하늘의 천을 원하네(He Wishes for the Cloths of Heaven)」에서 이 시의 영감이 왔다는 설도 있다.) 그러나 사랑과 인간 운명의 비극적 아름다움을 미당의 「귀촉도」만큼 복잡하게 그러나 감정에 직접적으로 호소할 수 있는 간단한 서정시로 기술한 시도 많지 않을 것이다. 그리고 그에 대한 바른 이해는 미당의 시의 전체적인 구도에 비추어서만 가능하다고 할 것이다.

8   세계 과정에 대한 세 가지 접근

사랑에 대한 미당의 생각은 사물과 사회에 대한 일반적인 생각으로 확대된다고 할 수 있다. 사랑 또는 에로스는 충족될 수도 있고, 먼 훗날에 충족을 약속하는 것이 될 수도 있고, 아주 멀리 떠나 있으면서, 세계를 다정하게 받아들이게 하는 동인이 될 수도 있다. 세상의 사물이나 사회가 나의 욕망이나 의지나 판단에 전혀 대응할 수 없는 것이라면, 한 가지 대책은 그것을 나의 강인한 의지로 저항하고 고쳐야 할 대상이 되게 하는 것이다. 그러나 그러한 가능성이 전혀 보이지 않는다면, 취할 수 있는 유일한 태도는 절망과 허무 의식으로 그에 맞서는 것이다. 또는, 카뮈가 유명하게 만든 말로 자살만이 유일한 철학적 문제가 된다고 할 수 있다. 그러나 세상이 더 나아질 수 있다면, 적어도 나의 욕망이나 의지나 판단에 반응을 보일 수 있는 것이라면, 나는 그 반응이 나오도록 조용하게 그러나 여러 가지를 살피는 행동을 취하거나 적어도 참고 기다릴 수 있어야 할 것이다. 또는 세상이 세상대로 움직이면서, 나쁜 것이 없지는 않으면서도, 좋은 것을 보여 준다고 한다면, 이 좋은 것을 찾고 그것을 기리고 하는 것이 가장 현명한 삶의 방법이 될 것이다. 허무주의는 미당에게 그가 할 수 있는 선택은 아니었다고 할 수 있다. 그리하여 세상의 사물에 대한 선택은 세상사에 일정하게 작용하는 것, 세상의 움직임이 좋은 것을 향해 가고 있다면, 그것을 기다리면서, 그 좋은 것의 증상을 기리고 조장하는 것, 또는 참으로 세상의 움직임이 좋은 것을 향하고 있거나 그렇게 되는 것이 아니라고 해도, 세상일에 인간 의지의 작용이 불가능하다면, 좋은 것을 찾고 그것을 기리는 것 ─ 이 세 가지가 있다고 할 수 있다. 이세 가지의 태도는 미당의 시에서 두루 볼 수 있는 것이라 할 수 있다. 그러면서도 그것은 전체적 상황의 판단에 기초한 긍정의 추구로부터

떠돌이의 귀향

섬세한 마음가짐으로 발견할 수 있는 좋은 것에 대한 긍정으로 옮겨 가는 것으로 말할 수 있다.

　혁명　이러한 선택은 정치적 상황에서의 선택으로 잘 예시될 수 있다. 커다란 정치적 변화를 위한 행동은, 가령, 혁명과 같은 데에서 볼 수 있다. 혁명은 철저한 부정과 저항과 상황 변화의 가능성 ── 두 사이의 행동적 선택을 나타낸다. 이것은 『귀촉도』에 실린 미당 시, 「혁명(革命)」에서도 볼 수 있다.

革命

　조개 껍질의 붉고 푸른 문의는
　몇千年을 혼자서 용솟음 치든
　바다의 바다의 소망이리라.

　가지가 찢어지게 열리는 꽃은
　날이 날마닥 여기와 소근대든
　바람의 바람의 소망이리라.

　아 ── 이 검붉은 懲役의 땅우에
　洪水와 같이 몰려 오는 혁명은
　오랜 하눌의 소망이리라.

　「혁명」은 분명 정치적인 시이지만, 구호에 가깝고 별 구체적인 내용이 있다고 할 수는 없다. "검붉은 懲役(징역)의 땅"은 정치적으로 감옥과 같이 된 국토를 말한다. 그리고 바다나 바람은 해방을 가져올 수 있는 힘 ─ 자연의 힘과 같은 것일 것이다. 그러나 이 자연의 힘을 구체적 정치적 혁명으로 연결해 줄 수 있는 것이 무엇인가는 분명치 않다. 억압이 있으면 해방을 위한 저항이 있다는 것은 자연의 이치라고 할 수 있다. 그것은 하늘이 바라는 것이다. 그러나 이 시에서 혁명을 예언하는 것은 조개껍질의 붉고 푸른 무늬 그리고 가지가 찢어지게 열리는 꽃의 상징밖에 없다. 조개껍질의 색깔이나 흐드러지게 피는 꽃으로 혁명을 말할 수 있을까? 그러나 여기서 붉고 푸른 색깔은 깃발의 색깔 ─ 어쩌면 태극기의 색깔일 수 있다. 그렇다면, 여기에서 이야기되고 있는 것은 민족의 독립 또는 민족 혁명을 말하는 것일 것이다.

혁명이 가능한 것일까? 약간 샛길로 드는 것이지만, 미당의 정치적 태도의 변화와 관련하여 이것을 잠간 생각해 보기로 한다.「조금」은 놓쳐 버린 혁명의 가능성을 말하는 시로 생각된다. 조금, 간조(干潮)는 정치 행동의 기회를 놓친 사람들이 간조의 바닷물처럼 해산하는 쓸쓸함을 말한다. 시에 나오는 설명은 너무 비유적이어서 사정을 분명히 설명해 주지 않는다. 시 구절은 다음과 같다.

맞나기로 약속했든 정말의 바다ㅅ물이

턱밑에 바로 드러왔을땐

곱비가 안풀리여 가지못하고

불기둥처럼 서서 울다간

스스로히 생겨난 메누리 발톱.

아마 우리 그냥 꽉꽉하야 땀흘리며

조금씩 오름ㅅ길에 해와같이 저무를뿐

다시는 다시는 맞나지못하리라.

"정말의 바다ㅅ물"은 무엇인가? 거짓 속에서 살다가 진실에 살
수 있게 할 힘이 결집한 때가 있었다는 말인가? 어쩌면, 미당의 동료
들이 데모라도 계획했던 것인가? 그러나 고삐가 풀리지 않아 거사하
지 못했다는 것인데, 고삐는, 그것이 거사 전의 상태를 말하는 것일
것이기 때문에, 가족에 대한 고려와 같은 것이었을까? 거사하지 못
한, 또는 행동적 참여를 못한 결과는 분노와 울분이지만, 그것은 별
의미가 없는 작은 장애물 ── 며느리발톱과 같은 것을 보태 주었을 뿐
이고, 집회와 행동의 기회는 다시 오지 않을 것으로 생각된다.(「조금」
은 김학동 교수의 평전의 연보에 의하면, 1941년에 쓰였다. 구체적인 사정은
이 무렵에 일어난 일들에 대한 자세한 검토를 요구할 것이다.) 어쨌든 미당
의 인생에 대한 이완된 태도는 패배 의식 또는 피로감에 관계있을지
모른다는 것도 인정한다.
　　다시 「혁명」으로 돌아가서, 시의 중심에 정치적인 메시지가 들어
있는 것은 사실이지만, 이 시의 내용은 동시에 자연의 힘을 예찬하는
것이라고 할 수 있다. 사실 『귀촉도』나 『서정주시선』의 많은 시는 크
고 작은 의미에서 자연 그리고 자연이 나타내는 세계의 아름다움과

힘을 예찬하는 시이다. 정치적 관심이 없어지는 것은 아니지만, 그것은 점점 작은 것이 된다. 「거북이에게」는 해가 기울고 사람들의 힘이 기우는 때라도, "두터운 甲옷 아래 흐르는 피의/ 오래인 오래인 소리 한마디만 외"라고 한다. 위 두 시집의 많은 시는, 「혁명」에서처럼 정치적인 의미를 가질 수도 있고 갖지 않을 수도 있지만, 지난 일은 지난 일로 치고, 다가올 좋은 일을 기다려야 한다고 한다. 특히 해방 이후 자신의 행로에 대한 미당의 태도를 가장 잘 나타내는 시는 1947년의 「국화옆에서」일 것이다. 미당의 시 가운데 가장 많이 회자되는 시의 하나인 이 시는, 청춘, 먹구름, 가슴 졸이게 하는 아쉬움, 뒤안길의 헤맴 ― 이러한 것들은 성숙과 안정 ― 그 상징인 국화를 위한 예비 과정이었을 뿐이라고 한다.

꽃봉오리의 의미 한 발자국 더 나아가 두 시집은 뒤를 돌아보는 일보다는 현재를 눈여겨보고 앞을 내다보는 일에 역점을 둔다. 중요한 것은 가을의 꽃보다는 봄의 꽃이다. 많은 시는 앞으로 개화(開花)의 시기를 예찬하는 내용을 가지고 있다. 「밀어(密語)」는 보통 사람들의 이름, 순이, 영이, "돌아간" 님을 부르며, "가슴같이 따뜻한 삼월의 하눌ㅅ가에/ 인제 바로 숨 쉬는 꽃봉오리ㄹ 보"라고 한다. 「꽃」은 새로 핀 꽃 그늘에서 샘물에 목을 축이고 바위에 앉아서 쉬어 가자고 동료들에 권하는 내용을 가지고 있다. 다만 그 꽃은 "가신이들"의 숨결에 씻긴 것이고, 그 옛사람들의 몸짓과 음성이 느껴진다고 말하여, 꽃을 아는 것이 전통을 잇는 일이라는 메시지가 첨가된다.

이러한 시들이 말하고 있는 것은 시인이 그 주변에서 보게 되는 긍정적인 사항들이지만, 그것은, 위에서 본 바와 같이 보다 커다란 서사 속에서 연속과 기다림을 시사하는 것이기도 한다. 그러나 보다 단순하게 옛것을 회복할 필요를 말하는 긍정의 시들도 있다.「석굴암관세음(石窟庵觀世音)의 노래」는, 물론 관세음보살 자체가 의미하듯이, 바른 삶이란 인내심을 가지고 고통받는 사람들 곁에 있어야 한다는 것을 말하고, 싸늘한 바윗돌 사이에도 푸른 숨결이 있고 그것을 알아야 한다고 한다. 그리고 진정한 나를 회복해 줄 구원자를 기다린다는 것을 말한다. 이러한 회복은 개인적인 일에도 해당된다.「목화(木花)」는 "우물 물같이 고이는 푸름 속에/ 다수굿이 젖어있는 붉고 흰 木花"가 누님의 어려운 노력으로 피워 낸 것이라고 한다. 그리고「누님의 집」은 누님이 멀고 먼 곳의 "도적놈의 게와집"에 들어가 있더라도 그 외로운 삶을 찾고 또 알아주어야 한다고 한다.

그리고, 정치적 메시지가 없지는 않은 대로, 어떤 시들은 예로부터 지속되어 온 사람들의 공동체적 삶의 방식을 긍정한다.「골목」이 그러한 시의 하나이다. "가난하고 외롭고 이즈러진 사람들"이 사는 "오막사리뿐"인 골목에 대한 사랑을 적극적으로 긍정하는 것이다.「고향에 살자」는 고향 찬가이다. 그 고향의 삶은 옛날과 별로 다르지 않다. 이 시는 "멈둘레" 꽃 피고, "질갱이 풀"로 신 만들어 신고, "시누대밭 머리에서/ 먼 山을 바래"는 고향에서 ── "서러워도 서러워도" 고향에 살자고 한다.

이러한 심정은『서정주시선』에서 더 적극적이 된다. 6·25 전쟁이 끝날 무렵 광주 조선대학에서 교수로 근무하게 된 때의 사정을 생각한「무등(無等)을 보며」(1954)는 광주 무등산의 비교적 순탄한 산세에서 영감을 얻는 것으로 보인다. 이 시에서 미당은 평범한 가정의 삶을 기린다. "靑山(청산)이 그 무릎아래 芝蘭(지란)을 기르듯/ 우리는 우리 새끼들을 기를수밖엔 없다"고 한다. 그 평범한 삶의 필요는, 역경에 처하게 되는 경우에도 ─ "가시덤풀 쑥굴형"에 놓일지라도 변할 수가 없다.

삶의 흐름과 초연한 눈길   이런 긍정의 자세는, 미당으로 하여금 인생 자체, 주어진 삶의 현실을 초연하게 받아들이는 것이 된다.「푸르른 날」은 그리움 자체가 삶의 필수 조건이라는 것을 말한다. 그것이 죽음을 멀리하는 방법이다.「노을」은 인생의 모든 것이 무상한 것임을 ─ 눈물도 이별도, 급한 숨결도, 사랑도, 맹세도 삶의 유전(流轉) 속에 흘러가는 것이라는 것을 말한다.「학」은 학의 나는 모습을 보며, 교훈을 끌어낸다. 그것은 모든 인간사는 흘러가고, 그에 대하여 초연한 태도를 가져야 한다는 것이다. 시름, 설움, 분노를 넘어 "누이의 繡(수)틀속의 꽃밭을 보듯/ 세상을 보"는 것이 삶의 방법이다.『서정주 시선』에는 과연, "꽃밭을 보듯 세상을 보"는 시들, 함축된 정치적 의미는 물론 어떤 서사적 맥락도 없이 긍정할 만한 것들을 말하는 시들이 많다.「입춘(立春) 가까운날」은 소나무가 젊고, 매화가 곧 필 것이고, "千年 묵은 古木나무 늙은 흙우엔/ 蘭草(난초)도 밋밋이 살아 나간다."라는 것을 설명 없이 진술한다.「이월(二月)」은 햇빛 속에 이야기를 나누고 노래하는 "아릿답고 향기론 處女(처녀)들"을 말한다.「꽃 피는것 기특해라」는 이 제목을 약간 수식하여 되풀이할 뿐이다.「무제」는 고목에 봄빛이 드는 것과 두세 살 되는 어린것들이 빤히 쳐다본 사실만을 기록한다.「기도(祈禱) 일」은 시인이 빈 항아리 같다고 한다. 그것을 채울 수 있는 것은 광풍(狂風)일 수도 있고, 몇 마리의

떠돌이의 귀향

나비일 수도 있고, 물일 수도 있다. 지금의 상태는 단지 꽃과 향기들이 담겼다가 비게 된 항아리 같다고 한다. 빈 항아리는 자기주장이 없이 밖에서 오는 것을 수용할 자세로 있는 것이다.

위의 사물 예찬에 대하여, 「아지랑이」는 조금 더 모호한 현상에 대한 찬가이다. 사랑의 모습에서는 사랑의 안개가 피어오르고, 눈물을 흘리면 눈물방울의 아지랑이, 그리움에는 그리움의 아지랑이, 감탄하는 마음에는 또 그에 따른 아지랑이, 수를 놓는 방에서는 수놓은 아지랑이가 피어오른다. 또 그것은 공덕동에서도 만리동에서도, 순이네에서도 복동이네에서도 피어오른다. 아마 여기에서 아지랑이란 많은 사람들이 갖는 정서를 말하는 것일 것이고, 그것이 사회의 분위기를 구성하고 보다 강한 감정이나 행동의 매체가 된다는 것을 지적하는 것일 것이다. 그리하여 사람이 갖는 정서나 감정은 그런대로 인간 현상의 중개자가 된다. 그러니만큼 그것은 인간적 의미와 그에 기초한 세계를 만들어 낸다. 이것은 봄이 되고 마음속에 사랑을 품게 되는 것과 같다. 그것은 아름다운 것이다. 「신록(新綠)」에서 시인은

어이 할꺼나
아 ─── 나는 사랑을 가졌어라
남 몰래 혼자서 사랑을 가졌어라!

하고 봄과 더불어 자신의 마음에 사랑이 싹트는 것을 감탄하여 말한다. 그의 생각에, 기분이나 감정은 그것대로 긍정적으로 받아들여야 할 인간 현상의 하나 또는 그것의 기반인 것이다.

지금까지 말한 긍정의 시들은 간단하게 좋은 사항과 마음의 움직임에 단순한 감탄만을 표현한 것들이다. 그런대로 조금 긴 사연을 담고 있는 시에는 「상리과원(上里果園)」과 「산하일지초(山下日誌抄)」가 있다. 「상리과원」은 땅 위에 번창한 삶을 이야기하고, 다른 한편으로는 그러한 삶 속에서 밝은 낙관주의의 인생관이 정당한 것임을 주장한다. 피어나는 꽃들의 세계는 한강이나 낙동강처럼 "隆隆(융융)"하다. 그러나 세부를 보면 "조카딸년들이나 그 조카딸년들의 친구들의 웃음판과도같은 굉장히 질거운 웃음판이다."(미당에게 좋은 것에 대한 비유는 대체로 친척이나 친구가 구성하는 일상적 세계에서 온다. 이것은 그의 시를 민속적인 것이 되게 하는 중요한 요인의 하나이다. 어조 또한 가까운 사람들 사이의 평이한 대화조이다.) 세계의 풍요를 보여 주기 위한 과수들과 조류들의 묘사는 여기 인용할 만하다. 그것은 수다스러울 수 있는 미당의 수사(修辭)를 보여 준다.

　　세상에 이렇게도 타고난 기쁨을 찬란히 터트리는 몸둥아리들이 또 어디 있는가. 더구나 서양에서 건네온 배나무의 어떤것들은 머리나 가슴팩이 뿐만이아니라 배와 허리와 다리 발ㅅ굼치에까지도 이뿐 꽃숭어리들을 달었다. 맵새, 참새, 때까치, 꾀꼬리, 꾀꼬리새끼들이 朝夕으로 이많은 기쁨을 대신 읊조리고, 數十萬마리의 꿀벌들이 왼종일 북치고 소구치고 마짓굿 올리는 소리를허고, 그래도 모자라는놈은 더러 그속에 묻혀 자기도하는것은 참으로 當然한 일이다.

　　이러한 자연 속에서 사람의 의무는 그것을 사랑하는 것이다. 그리고 다음의 세대에게도 이것을 알게 하고, 그들에게 "서름같은 걸" 가르치지 않는 것이다. 새들이 귀소하는 밤이 오고 산과 냇물이 어둠에 쌓일 때 해야 할 일도 마찬가지이다. 밤에는 아이들에게 별을 보게 할 것이며, "제일 오래인 鐘소리를 들릴일이다."(미당의 시에 많이 나오는 종소리는 아마 자연의 근본적 메시지를 가리키는 것일 것이다.)

「산하일지초」는 위의 시의 생명 긍정을 조금 더 일반화한다. 그러면서도, 앞에서 지적했듯이, 속계(俗界)의 속된 습속(習俗)의 차원을 벗어나지는 않는다. 시가 말하고자 하는 것은 세상의 모든 것이 성적인 친화 관계, 에로스의 관계에 있다는 것이다. 그것을 가장 크게 예시하는 것이 하늘과 산이다. 하늘과 산은 늘 서로 맞부비며 애무하는 관계에 있다. 이것은 물론 인간들에 의하여 되풀이된다. 또는 거꾸로 이 남녀의 성관계가 하늘과 산 관계에 확대 투사되어 우주적인 의미를 갖는다고 할 수도 있다. 다시 한 번 주의할 것은 이러한 우화, 인간에 대한 그리고 우주적 차원에 이르는 우화가 고양된 언어로 이야기되는 것이 아니라, 속된 또는 천박한 언어로 이야기된다는 것이다.

시인은 어느 날 아침 그가 보고 느낀 것을 다음과 같이 말한다. 여기의 언어는 극히 비시적이다.

나는 문득 눈을 들어 우리 늙은 山둘레들을 다시 한번 바라보았다. 역시 꺼칫꺼칫하고 멍청한것이 잊은듯이 앉아있을 따름으로, 다만 하늘의 구름이 거기에도 몰려와서 몸을 대고 지내가긴했지만, 무엇때문에 그 밉상인것을 그렇게까지 가까히하는지 여전히 알길이 없었다.

이 알 길이 없는 것이 며칠이 지나는 사이에 알 만한 것이 되었다. 그것은 한 쌍의 젊은 남녀가 서로 부비고 매만지고 하는 것과 같은 일이었다. 그리고 "이짓거리"는 몇십만 년을 계속된 것이었을 것이다. 그런데, 시인의 생각에 하늘은 "땅우의 더러운 싸움의 찌꺽이"를 씻어 내고 맑은 하늘이 되었는데, 그런데도 하늘은 그리움의 몸짓으로 산을 어루만지는 것이다. 그러나 산도 이 하늘과의 접촉을 통하여 변조(變調)하게 된다. 그 결과 밤에 산이 낭랑한 목소리를 노래하는 것이 들린 것이다. "數百王朝(수백왕조)의 沒落(몰락)을 겪고도 오히려 늙지않는 저 물같이 맑은 소리"로 노래한 것이다. 그리고 이튿날 시의 주인공은 녹음과 향기와 젊은이를 태운 금빛 그네를 보게 된다. 그것은 바로 산이든지 산의 아들딸과 같았다.

「상리과원」과 「산하일지초」는 따지고 보면 미당의 많은 시가 그러하지만, 교훈시 또는 우화시이다. 그 우의(寓意)는 다음과 같이 요약할 수 있다. 자연 만물은 상호 조화 속에 평화롭게 공존한다. 이런 조화를 가능하게 하는 것은 성(性)의 견인력(牽引力)이다. 대표적인 예는 인간 남녀 간의 성관계이다. 그것은 자연에 삼투해 있는 에로스의 결과일 수도 있고, 자연이 그렇다고 보는 것은 인간의 성관계에서 나오는 유추일 수 있다. 미당의 교훈적 의도는 분명하다. 사람에게 필요한 것은 세계와 생명에 대한 대긍정이다. 사람에게는 혼탁할 수도 있는 땅의 에너지를 긍정하면서, 그것을 보다 맑은 하늘의 원리로 순화하여 하나로 존재할 수 있게 할 의무가 된다. 그리고 사람도 그 하나의 조화 속에서 평화롭게 존재할 수 있어야 한다. 그것이 가능한 것은, 역으로, 세상의 근본 원리가 그러한 것이기 때문이다.

떠돌이의 귀향

9 신라의 모델

신라의 사상

다시 말하여, 『귀촉도』와 『서정주시선』에서 미당의 추구는, 비록 거기에 수록된 시들이 하나의 논리적 체계를 이루고 있다고 할 수는 없지만, 그 전체적인 구도로 보아, 위에서 추적하여 본 대긍정을 향하여 나아간다고 할 수 있다. 다만, 이 전개와 결론이 시적인 체험으로 — 감각적 호소력 그리고 현실 재현(現實再現)에 의존하는 시적 체험으로 또는 사실과 논리에 의존하는 이론적 설명으로 얼마나 설득력을 가질 수 있는 것인지는 알 수 없는 일이다. 그러나 우의적(寓意的) 의도를 보다 추상적으로 옮겨 놓는 경우, 그것은 조금 더 이해할 만하고 논의할 만한 것이 된다고 말 수 있다. 앞에서 우리는 신라의 정신사를 요약하는 시로서, 「한국성사략」에 대해 언급하였다. 이 시에 함축되어 있는 견해는 한국인의 세계관에 끼친 유학(儒學)의 영향을 비판적으로 본다. 그것은 유학 또는 송학(宋學)이 한국인의 인간 이해에서 길바닥을 쓰는 일과 하늘의 별의 의미를 이해하는 일을 분리해 놓았다고 주장한다. 즉 지적인 시각을 형이상학적이고 추상적인 것에 일반적으로 향하게 하여, 일상적 삶의 현실을 등한히 하게 하였다는 것이다. 성리학이 지적 탐구의 방향을 오로지 성리(性理)의 해명에 향하게 하여 현실 문제를 등한시했다는 비판은 우리가 많이 들어 온 조선조 유학에 대한 비판이다. 「한국성사략」은 이러한 비판을 재치 있고 시적으로 간략하게 요약한 명편이라고 할 수 있다. 사실 미당은 이 시에 들어 있는 통찰을 많은 시와 산문을 통하여 보완하였다. 여기에 관계되는 견해는 다른 곳에도 수시로 등장하지만, 『신라 초』는 보다 나은 삶의 방식을 구현한 왕조로서의 신라를 말한 시들을 많이 모아 놓은 시집이다. 사실 신라가 대표하는 대안적 삶의 방식은 — 조선조 유교 국가 그리고 근대 한국에 대한 대안이 되는 신라적인 삶은, 적어도 추상적 구도(構圖)라는 관점에서는, 미당의 시적 추구 — 시적인 인생 추구의 종착지라고 할 수 있다. 그 후에 출판된 다른 시집에 들어 있는 시들도, 신라를 주제로 하든 아니 하든, 신라적 삶의 모델을 준거점으로 가지고 있다고 할 수 있기 때문이다. 위에서 말한 바대로, 그중에 『질마재 신화』는 그러한 모델의 현대판 — 문제가 없지 않는 채로 그 현대판을 미당의 고향에서 발견했다고 생각하게 하는 시들을 모은 것이다.(또는 고향의 삶이 신라라는 모델을 생각하게 했는지 모른다.) 『학이 울고 간 날들의 시』는 신라에 대한 탐구를 다른 상고 시대로 확장한 것이라고 할 수 있다. 많은 시가 모아져 있는 것은 아니지만, 『신라초』를 일별하는 것은 미당의 후기 사상의 주축점에 접근하는 일이 된다.

신라의 정치

「한국성사략」이 신라라는 모델의 관점에서 본 한국 사상사의 요약이라면, 『신라초』의 첫 시가 되는 「선덕여왕(善德女王)의 말씀」은 신라의 정치 이념의 요약이라고 할 수 있다. 이 시의 요지는 간단하다고 할 수 있지만, 미당 특유의 고양된 어법과 불교적 상상력이 그것을 조금 더 복잡하게 하고 흥미롭게 한다. 시의 화자 선덕 여왕은 맨 먼저 자신의 위치를 다음과 같이 설명한다.

朕의 무덤은 푸른 嶺 위의 欲界 第二天.

피 예 있으니, 피 예 있으니, 어쩔 수 없이

구름 엉기고, 비터잡는 데 — 그런 하늘 속.

불교에서 욕계는 완전히 해탈하지 못한 중생이 가는 곳이다. 그러나 욕계의 제이천은 현세의 번뇌를 완전히 벗지는 못하였으나, 그것을 넘어서려고 노력하는 자들이 가는 곳이다. 푸른 영은 아마 이 중간 지역을 상징하는 것일 것이다. "피 예 있으니"는 아직은 세상의 여러 일들을 버릴 수 없게 하는 육신의 피, 그 욕정이 있다는 말일 것이다. 푸른 하늘에 구름과 비가 자리를 잡는 것은 세상을 벗어나지 못한 심성에 병행하는 것으로 생각된다. 그러니까 작고한 선덕 여왕은 이 세상, 욕(欲)의 세계를 조금은 벗어났으면서도 완전히 벗어나지는 못한, 또는 벗어나기를 보류한, 곳에 머물고 있는 것이다. 그러나 이러한 어중간한 상태는 그 나름의 이점이 있어서, 선덕 여왕은 아직은 보통 사람들의 번민과 고통에 동조할 수 있다. 그리하여 여왕은 없는 사람에게 시량(柴糧)을 나누고, 홀어미나 홀아비를 위로하여야 한다고 한다. 그다음으로 주의해야 할 것은 첨성대에 "실한" 사내를 두라는 요구인데, 그것은 아마 사람의 운수가 별들의 움직임에 따른 운수에 따른다는 생각, 또는 사람의 하는 일이 별자리의 대세에 맞는 것이어야 한다는 생각, 「상리과원」에서 본 바와 같이, 사람의 생각과 행동이 좁은 영역을 벗어나 넓은 관조에 이를 수 있는 것이라야 한다는 것을 암시하려는 것이라고 할 수 있다.(이 첨성대에 대한 말은 칸트가 자신의 가슴에 있는 도덕율과 하늘의 별로서 인간의 실천 이성을 설명하려고 한 것을 상기하게 한다.) 이것을 하나로 하면, 유교를 멀리하면서도, 유교에서 말하듯이, 위정자는 넓은 관점에서, 민생을 돌보고, 환과고독(鰥寡孤獨)을 돌보아야 한다는 말에 비슷하다고 할 수 있다. 재미있는 것은 그다음에 나오는 계율이다. 이루어지지 않는 성애(性愛)에 시달리는 사람에게는 사모하는 사람이 몸에 부치고 있던 장신구 ── 황금 팔찌 같은 것을 주어 가슴에 붙이게 하거나 바다에서 하늘까지 다스릴 수 있는 음악을 들을 수 있게 하여야 한다고 한다.(『학이 울고 간 날의 시』에 실려 있는 「지귀(志鬼)와 선덕여왕(善德女王)의 염사(艶史)」에는 선덕여왕이 자신을 사모하는 평민 지귀의 잠들어 있는 가슴에 팔찌를 얹어 주는 이야기가 있다.)

애매한 것은 그다음에 나오는 이야기이다. 그것은 앞의 이야기에 나온 유화책(宥和策)으로도 꺼지지 않는 사람의 불은 그대로 타도록 하라는 것이다.

하지만 사랑이거든
그것이 참말로 사랑이거든
서라벌 千年의 知慧가 가꾼 國法보다도 國法의 불보다도
늘 항상 더 타고 있거라.

인간의 삶에 윤리와 자비, 지혜와 국법을 넘어가는 정열 ── 파토스의 근원이 있다는 것은 미당스러운 생각이기도 하고,『로미오와 줄리엣』을 비롯하여 많은 문학 작품들의 이야기이기도 하다. 이 점에서,『신라초』에서의 정치적 유토피아에 대한 발언에도 불구하고, 미

　　　　　　　　　　　　　　　　떠돌이의 귀향

당은 역시 시인이라고 할 것이다. 그것도 이성보다는 감성 — 에로스가 지배하는 세계를 말하는 시인이다. 그러나 다른 한편으로 이것은 정치를 포함하여 인간사 일반에 대한 지혜를 담은 통찰이라고 할 수도 있다. 위에서 사랑은 — 진정한 사랑은 국법보다 위에 있다고 한다. 그러나 그 국법은, 반드시 합리적 이론이나 이데올로기에서 나온 것이 아니라, 오랜 역사적 경험 — 천년의 지혜에서 '가꾸어진' 법이고, 결국 지혜란 삶의 지혜이고, 삶의 근본적 동력은 열정 또는 파토스에서 나온다고 할 수 있기 때문이다.(서양의 많은 나라에서 '격정의 범죄(crime passionel)'를 계획된 범죄보다는 너그럽게 보는 관습을 여기에서 생각할 수도 있다. 여기에 관련된 가장 극적인 변호는, 파토스(pathos)를 열정(Leidenschaft)과 구분하여 개인이 어떻게 할 수 없는 운명적인 양심의 명령에서 나오는 정열이고 신념으로 생각한 헤겔(『정신현상학』과 『미학』)을 연상할 수도 있다.) (물론 위의 시 한 구절을 두고 이러한 논의를 벌일 수는 없다. 그러나 이와 관련하여 미당이 때로는 깊은 삶의 통찰을 가지고 있었다는 것에 주목할 수 있을 것이다.) 위의 구절에 나온 놀랍게 낭만적인 생각은 적어도 인간의 현실이 간단하게 이념화될 수 없는, 착잡한 요인들을 포함하고 있다는 것을 인정하는 것이다. 위의 구절에 이어서 나오는, 첫째 연을 반복하는 종결 시구가 시사하는 것도 이 점이다.

朕의 무덤은 푸른 嶺 위의 欲界 第二天.

피 예 있으니, 피 예 있으니, 어쩔 수 없이

구름 엉기고, 비 터잡는 데 — 그런 하늘 속.

신라의 경제

경제론이 없이 한 국가의 모습을 그려 낼 수 없음은 말할 것도 없다. 그러나 시의 소재가 되기 가장 어려운 것이 경제이다. 그것이 반드시 시의 무력을 말하는 것은 아니다. 경제를 시에서 다루기 어려운 것은 경제가 대체로 외적인 사실 — 특히 수자로 집약될 수 있는 사실로 이루어지기 때문이다. 그러면서 이러한 외적인 사실의 집합 — 구조화될 수 있는 집합은 인간의 삶의 절대적인 조건이 된다. 그것은 삶 자체가 외면적 현상 — 생물학적 사회적 현상이기 때문이다. 그러나 이러한 조건은 궁극적으로는 내면으로 느끼고 인지하게 되는 의미에 의하여 평가된다고 할 수 있다. 문학과 시의 기능의 하나는 이러한 일에 있다. 결국은 인간의 삶의 근본인 지각 체험과 또 그러한 것들이 이루는 총체를 구체적으로 포괄하고 표현하는 것이 문학이기 때문이다. 그러나 조금 전에 말한 것처럼 경제가 없는 사회나 국가에 관한 논의는 생각할 수 없다. 그러면서도 시인 미당이 그것을 다룰 것을 기대할 수는 없다. 그러나 그가 신라를 통하여 하나의 국가적 비전을 제시하려고 한 것이라면, 경제에 대한 언급이 없을 수가 없고 그것을 찾아야 할 것이다. 너무나 빈약한 증거라고 하겠지만, 「신라(新羅)의 상품(商品)」과 같은 작품은 적어도 신라의 경제에 대한 그의 생각을 시사하는 시라고 할 수 있다.

新羅의 商品

이것은 언제나 매(鷹)가 그 밝은 눈으로 되찾아낼 수 있는 것이다.

143

그것이 만일에 솜같이 가벼운 것이기나 하고, 매(鷹)의 눈에 잘 뜨이는 마당귀에나 놓여 있다면, 어느 사 간 사람의 집에서라도 언제나 매(鷹)가 되채어 올릴 수까지 있는 것이다.

이것들이 제 고장에 살고 있던 때의 일들을 우리의 길동무 매(鷹)는 그 전부터 잘 안다. 東靑松山, 北金剛山을, 南㐞知를, 西皮田을 오르내리며 보아 잘 안다.

눈을 뜨고 봐라, 이 솜을. 이 솜은 木花 밭에 네 딸의 木花꽃이었던 것.

눈을 뜨고 봐라. 이 쌀을. 이 쌀은 네 아들의 못자리에 모였던 것, 모였던 것.

짙이! 짙이! 짙이! 삭은 재 다 되어가는 짙이!

이것은 우리들의 노래였던 것이다.

시는 신라의 상품이 장인적(匠人的)인 완성을 이룬 것이라는 것을 말한다. 그것은 상품을 만든 장인과 장인의 출신지를 분명하게 밝혀 주는 제품이다. 제품의 개성은 단순히 보는 사람 ─ 구입자의 눈에만 그런 것이 아니다. 목화라면, 그것은 꽃으로서 재배자에게 기쁨을 주었던 것이다. 구입자도 물론 이것을 안다. 그리하여 매의 눈 같은 구입자의 눈은 그 노동의 기쁨이 제품에 담겨 있다는 것을 안다.(미당의 시에서 매는 눈이 밝은 지혜를 나타낸다.) 그리하여 산품, 제품 또는 상품은 재배자 또는 제조자의 길동무, 반려자이다. 또 쌀이 "아들"이 가꾼 것이라는 것을 안다는 것은 생산자를, 아들처럼, 친밀한 인간으로서 안다는 것이다.

마지막 부분은 다음과 같다.

돌이! 돌이! 돌이! 삭은 재 다 되어가는 돌이!

이것은 우리들의 노래였던 것이다.

여기의 "돌이"는 생산자 또는 노동자의 이름일 터인데, 이것이 평민적 이름임에 주의할 필요가 있다. 장인의 제품은 반드시 명인의 제품을 의미하는 것이 아니다. 위에 말한 목화나 쌀도 무슨 예술 작품이 아니라 일상의 용품, 의식주(衣食住)의 필수적인 일용품에 해당되는 것이다. 돌이가 삭은 재가 다 되어 간다는 것 그리고 위에 말한 것이 지나간 날의 노래였다는 것은 두 가지 의미로 생각할 수 있다. 하나는 이제 그러한 인간적 노동의 시대는 지나갔고 흘러간 노래가 되었을 뿐이라는 뜻으로 읽는 것이다. 다른 하나는 좋은 제품을 만드는 사람이 영원한 예술 작품을 남기는 것은 아니라는 말로, 다시 한 번 노동의 평상성(平常性)을 강조하는 것으로 읽는 것이다. 좋은 제품을 만든다고 하여도 제조자는, 짧은 인생에 영원한 예술 작품을 남기는 사람이 아니라, 다른 어느 사람이나 마찬가지로, 흘러가는 삶의 한순간을 산 사람일 뿐이다. 그의 삶은 노래와 같이 즐겁고 아름다울 수 있지만, 작품으로 남는 것은 아니다. 그러나 그의 아름다운 노동은 모든 사람이 나누어 가질 수 있는 노동이면서, 즐거운 예술의 창조 행위였던 것이다. 이것이 그 노래가, "우리들의 노래"였다고 하는 말의 뜻이라고 할 수 있다.

신라 정신의 영감, 육체의 정화

미당의 생각에 정치나 경제에 일정한 방향을 제공하는 것은 그 정신이고, 그 정신은 육체의 혼란의 정화(淨化)로서 본질을 회복한다. 그러나 그 과정에로 나가는 영감은 자연과의 접촉 — 일상적이고 예술적인 접촉에서 영감을 얻는다. 가령, 가장 중요한 영감은 꽃과 같은 데에서 온다. 꽃은 구름이나 바다와 같은 자연의 보다 강한 힘의 상징보다 우위에 있다.(꽃은 미당의 시에서 여러 의미 맥락 속에서 이야기된다. 그의 시력(詩歷)의 머리에 꽃은 뱀과 하나가 되어 있지만, 후기로 감에 따라, 그것은 그러한 불길한 상징으로부터 분리된다.)

『신라초』에서 「선덕여왕의 말씀」에 곧이어 나오는 시는, 박혁거세(朴赫居世)의 어머니, 사소(娑蘇)의 독백과 편지를 내용으로 하는 시들이다. 미당의 시집에서 시들의 배열은 말하고자 하는 주제의 전개에 밀접한 관계를 가지고 있는 것으로 생각된다. 박혁거세의 어머니에 관계되는 이 두 편이 전하는 것은 신라 정신의 자연스러운 영감의 출처와 선택 그리고 변조(變調)이다. 첫 번째의 시, 「꽃밭의 독백(獨白) — 사소(娑蘇) 단장(斷章)」이 꽃의 의미를 설명한다.

꽃밭의 獨白

—娑蘇 斷章

노래가 낫기는 그중 나아도
구름까지 갔다간 되돌아오고,
네 발굽을 쳐 달려간 말은
바닷가에 가 멎어버렸다.
활로 잡은 山돼지, 매(鷹)로 잡은 山새들에도

이제는 벌써 입맛을 잃었다.

꽃아. 아침마다 開闢하는 꽃아.

네가 좋기는 제일 좋아도,

물낯바닥에 얼굴이나 비취는

헤엄도 모르는 아이와 같이

나는 네 닫힌 門에 기대 섰을 뿐이다.

門 열어라 꽃아. 門 열어라 꽃아.

벼락과 海溢만이 길일지라도

門 열어라 꽃아. 門 열어라 꽃아.

이 시는 대체로 세상을 거머쥐는 방법을 말한 것이라고 할 수 있다. 또는 사소가 신라 왕조의 시조 박혁거세의 어머니라는 것을 감안하면, 치세(治世) 또는 통치법의 기본을 말한 것이라고 할 수도 있다. 세상을 다스리는 방법에는 노래나 말, 다시 말하여, 문화나 군사력이 있을 수 있다. 그러나 노래는 구름에 이르렀다가 돌아올 수밖에 없다. 즉 자연의 힘을 다스릴 수 없다. 다시 말하여, 노래나 문화로서 사람들의 마음을 순화하려고 하여도 인간의 본성, 변화무상하고 벼락과 같은 격렬함을 가질 수도 있는 인간의 본성을 전적으로 다스릴 수는 없다. 기마병의 힘도 자연의 거대한 힘 — 그 일부인 인간성의 거대한 힘을 전적으로 당해 낼 수가 없다. 보다 더 섬세한 무기나 전략을 써서, 산돼지를 잡고 산새를 잡아 식량으로 한다고 하여도, 그러한 술법에는 곧 염증이 생기게 된다. 먹는 일이나 나라를 통치하는 일이나 필요한 것은 자연의 순리에 따르는 일이다. 거기에 상징이 되는 것은

147

꽃이다. 꽃을 상징으로 삼아도 그것을 나타낼 수 있는 적극적 대응책이 필요하다. 바다의 힘은 앞에서 이야기한 바이다. 그것을 잔잔한 거울로 사용하여 모범을 보여 준다고, 바다를 잔잔하게 다스릴 수 있겠는가. 자신의 매력에 도취된 나르키소스가 현실의 문제를 해결할 수는 없다. 보다 현실적으로 대하기 위해서는 그 안에 들어가 길을 잡는 방법이라도 알아야 한다. 그리고 필요한 것은 꽃이 스스로 문을 열어 주어야 한다. 이것은 시의(時宜)가 적절해야 한다는 말일 수도 있고, 꽃을 따르는 삶의 방식이 무엇인가를, 꽃을 더 살핌으로써 알 수 있게 된다는 말일 수도 있다. 그런데 꽃에 문이 열리면 새로운 세계가 트인다고 하여도, 거기에 이르는 길은 "벼락과 海溢(해일)"일 수 있다. 노래로써 순치하려고 했던 구름의 힘, 말이 가는 길을 막았던 바다의 힘을 단련하고 부릴 수 있어야 한다. 즉 꽃이 열어 주는 왕국이 목표라고 하여도, 거기에 이르는 데에는 폭력의 적절한 활용이 불가피하다. 그러나 최종의 목표는 꽃의 왕국이다.

　「사소(娑蘇) 두번째의 편지 단편(斷片)」은, 첫 번째의 사소 시에 연결해 볼 때, 자연의 힘을 다스리는 방법을 말한 것으로 읽을 수 있다. 답변의 핵심은 시의 머리, 제사에 나와 있는 이야기에 시사되어 있다. 산에서 신선 수도를 하던 사소 부인은 매로 하여금 아버지에게 두 번째의 편지를 가져가게 한다. 그것은 "새의 피가 아니라, 좁쌀의 진액을 이겨, 역시 [첫 번째의 편지나 마찬가지로] 손가락에 묻혀 적은 거였다." 그러나 그전에 집에서 가져온 두루마리는 "피딱지"로 쓴 것이었다. 이 제사에서 중요한 점은 피가 향풀로 바뀌었다는 것이다. 즉 잔학함과 희생을 연상하게 하는 피 대신 향풀이 교신의 수단이 된 것이다. 시는 이러한 변화의 과정을 설명한다. 첫 구절은, "피가 잉잉거리던 病은 이제는 다 낳았습니다."이다. 이제 육체의 상징인 피가 문제를 일으키던 것을 사소가 극복하였다는 것을 말한 것이다.

올 봄에

매(鷹)는,

진갈매의 香水의 강물과 같은

한섬지기 남직한 이내(嵐)의 밭을 찾아내서

대여섯 달 가꾸어 지낸 오늘엔,

홍싸리의 수풀마냥. 피는 서걱이다가

翡翠의 별빛 불들을 켜고,

요즈막엔 다시 生金의 鑛脈을 하늘에 폅니다.

위의 구절에서 매는, 「신라의 상품」 그리고 다른 시에서 보는 바와 같이, 밝은 눈, 지혜의 눈을 나타낸다. 밝은 눈이 향수의 강물과 같은 이내의 밭을 발견하고 그것을 가꾼다. 이내는 산의 맑음을 나타낸다. 향수도 부처의 자기희생과 자비의 상징이다. 강물은 아마 흘러가는 삶의 시간을 말할 것이다. 그러면서 그것은 바다와 같은 길이 없는 무한한 힘이 아니라 일정하게 방향을 가지고 흘러가고 있는 물이다. 앞에서 병을 앓는다고 한 피가 이러한 맑음의 상징물 사이에서 깨끗해지고, 드디어는 별들의 세계로 옮겨 가 또 하나의 맑음을 나타내는 비취의 불을 켠다. 그리하여 또 하나의 맑음의 이미지가 되면서도 길이 없는 하늘에 금의 광맥, 금빛의 길을 그려 주는 역할을 하게 된다. 이 광맥은 자신의 아버지, 아들 혁거세, 사라진 혁거세의 아버지, 그리고 "즈믄해 뒤에 올 젊은 女人들"에게도 하늘에 있는 길을 보여 주는 일이 된다. 그러니까 불교에 관계되는 맑음의 상징들로 이야기된 이 시의 교훈은 다시 요약하건대, 지혜의 눈으로 청정한 정신의 터전을 발견하여 기르고, 그 터전에서의 수련을 통하여 육체의 정열을 정화하되, 그것으로 세계를 완전히 벗어나는 것이 아니라, 세계로 돌아와야 한다. 그리하여 정신의 길을 가깝고 먼 사람에게 두루 보여 주어야 한다.

예술과 일상적 삶 속의 정신

보다 승화된 삶의 경지는 육체 또는 육욕의 정화를 위한 수련으로써 이를 수 있는 것이지만, 그것은 예술 작품이나 활동 또는 일상적 삶에도 구현된다. 「백결가(百結歌)」는 가난하여 백 개의 헝겊을 기워 만든 옷을 입어야 할 형편임에도 불구하고 가난에 마음을 쓰지 않고 일심으로 거문고 타기에만 열중한 거문고 타는 사람의 이야기를 시로 옮긴 것이다. 그는 가난했지만, 가난은 그의 음악을 앞질러 가지 못했다. 그리하여 그는

(……) 오래 두고 익혀 온
슬기론 거문고가 한 채 있어서
밤낮으로 마음을 잘 풀어 갔기 때문에
가난도 앞장질런 서지 못하고

뒤에서 졸래졸래 따라다녔다.

그리고 그는 "나날이 해같이 되일어나/ 물같이 구기잖게 살아 갔었다." 이 구절의 앞부분은 날마다 일찍 일어났다는 말일 수도 있으나, 아침마다 변함없이 해가 늘 새롭게 떠오른 것과 같은 삶을 살았다는 말일 수도 있다. 그다음의 물의 이미지는 한결같은 그러면서 세월과 같이 흐르는 모습을 말하는 것으로 생각된다. 「해」는, 다시 『삼국유사』의 설화를 소재로 하여, 상업적 목적을 위해서인지 사용(私用)을 위한 것인지 알 수는 없는데, 제조하는 물건 자체가 하늘의 빛과 밝음을 반영하였다는 것을 말한다. 연오랑(延烏郎)의 아내 세오녀(細烏女)는 베를 짤 때, 잉아를 하늘에 걸어 놓았기 때문에, 해도 거기에 매달려 살 수밖에 없었다. 그리고 그 베틀에서 나온 비단의 움직임에 따라 해가 움직였다. 두 부부가 비단을 가지고 일본으로 갔는데, 신라인들은 그 비단을 다시 찾아왔다. 미당의 시에는 언급되어 있지 않지만, 이 부부가 일본으로 간 후에 신라에서 해가 사라졌는데, 비단을 회수한 다음에 다시 해가 돌아왔다고 한다.

신라인의 일상적 삶

이러한 이야기들은, 「신라의 상품」에서 총괄하여 이야기한 바와 같이, 예술이나 제조품들이 뛰어났다는 것인데, 물론 그것은 기예인(技藝人)들이 그들의 일에 대한 보상에 관계없이, 해야 하는 일에 헌신했다는 것인데, 마음에서 우러나와서 하는, 그렇다고 지나치게 자기희생적인 것이 되는 것이 아닌, 일에 정성을 다하는 것은 다른 인간

행동에도 나타난다. 「노인헌화가(老人獻花歌)」는, 하나의 연애기이지만, 그보다는 애정 속에도 들어가는 한결같은 마음과 행동을 이야기한 시이다.

「붉은 바위ㅅ가에

잡은 손의 암소 놓고,

나ㄹ 아니 부끄리시면

꽃을 꺾어 드리리다」

시의 이 시작은 헌화하려는 노인의 마음을 표현한 것이다. 이 노인은 말 타고 지나가는 여인을 보고 자신의 나이도 잊어버리고, 남의 아내인 것도 잊어버리고 "꽃이 꽃을 보고 웃듯이 하는/ 그런 마음씨 밖엔" 아무 다른 마음이 없게 된다. 그리하여 위험한 벼랑 위에서 꽃을 따다가 그 여인에게 바친다. 같은 일화는 『동천(冬天)』에 실린 「수로부인(水路夫人)의 얼굴」에도 나오지만, 거기에서 중심은 수로 부인이 절세의 미인이고 그 때문에 헌화하는 노인이 정신을 잃었다는 것이다. 그런 점에서는 이 시의 일화는 흔히 있는 낭만적인 이야기라고 할 수 있다. 그러나 위에 인용한 시구에서 독자가 느낄 수 있는 것은 노인의 예의 바름 또는 사려이다. 그는 무엇보다도 상대 여인이 느낄 수도 있는 부끄러움에 마음을 쓴다. 이러한 사려는, 그 여인의 꽃을 원하는 마음을 남편도 다른 동행자도 듣고 흘려 버린 데 대하여, 지나가던 노인이 그것을 듣고 그 소원을 들어주려고 했다는 사실에도 나온다. 물론 이러한 일이 일어날 수 있는 것은, 미당의 해석으로는, 남

152

녀 관계가 엄격한 윤리 규범보다도 자연스러운 마음의 흐름에 따라 맺어지고 풀릴 수 있는 신라의 풍속으로 하여 가능한 것이다. 이것이 미당의 설명이다. 노인은 많은 외적인 행동 규칙을 잊어버리고,

한없이
맑은
空氣가
요샛말로 하면 ── 그 空氣가
그들의 입과 귀와 눈을 적시면서
그들의 말씀과 수작들을 적시면서
한없이 親한 것이 되어가는 것을
알고 또 느낄 수 있을 따름이었다.

이러한 일이 있었다고 질투나 갈등 또는 시비가 일어나지는 않는다. 「노인헌화가」가 그리고 있는 것은, 애정의 격렬한 드라마가 아니라, 스쳐 지나가는 작은 사건에 들어 있는 정과 사려와 예의라고 할 수 있다.

이러한 작은 인간다움은 「진영이 아재 화상(畵像)」과 같은 그야말로 평범한 인간을 그리는 데에서도 볼 수 있다. 여기에 이야기된 것은 반드시 신라의 인간상이라기보다는 미당 시대에 시골에서 발견할 수 있는 사람들의 모습이다. 그러나 그가 신라의 정신 속에 스며 있는 자연스러움을 일반 서민의 삶에서도 발견했다는 예시가 될 수 있지 않나 한다. 문맥이나 어휘에 불분명한 것들이 있기 때문에 정독(精讀)

은 하지 않겠지만, 이 시가 그리는 인간들의 모습이 완전히 자연에 일치하는 것이라는 것을 느끼게 한다.

> 우리 마을 진영이 아재 쟁기질 솜씬
> 예쁜 계집애 배 먹어 가듯
> 예쁜 계집애 배 먹어 가듯
> 안개 헤치듯, 장갓길 가듯.

여기의 세 비유, 배 먹는 것, 안개 헤치기, 장가길 가기의 의미는 분명치 않다. 쟁기질하는 모습이 쉽기도 하고, 조금 어렵기도 하고, 또 심각하기도 하다는 뜻이 아닌가 한다. 하여튼 전달하려는 의미는 일상적 행동과 환경이 그대로 노동에 투영된다는 것일 것이다.

> 샛별 동곳 밑 구레나룻은
> 싸리밭마냥으로 싸리밭마냥으로.
> 앞마당 뒷마당 두루 쓰시는
> 아주먼네 손끝에 싸리비마냥으로.

첫마디 샛별의 뜻은 불분명하다. 동곳이 샛별처럼 번쩍이는 금속으로 되어 있다는 말일 수도 있고, 새벽 별이 아직 빛나는 아침 시간을 가리킬 수도 있다. 아침 시간이기 때문에, 동곳을 꽂는 모습이 더욱 산만하게 보였을 수 있다. 그리하여 그의 구레나룻은 싸리밭 같기도 하고 싸리비 같기도 하다는 형용이 나오는 것이 아닌가 한다.

수박꽃 피어 수박 때 되면

소소리바람 위 원두막같이,

숭어가 자라서 숭어 때 되면

숭어 뛰노는 강물과 같이,

위에서 무엇이 무엇 같다는 것인지는 확실치 않다. 그러나 그것
은 아마 진영이 아재를 이러한 자연 현상에 비교하는 것일 것이다. 수
박이나 소소리 바람에 흔들리는 원두막, 숭어 또 강물은 모두 자연의
힘이 한껏 부풀어 오른 시기를 말하는 것 같고, 대체로는 농한기에 해
당하여, 진영이 아재도 그런 시기에 한껏 자연의 힘이 부풀어 오른 사
람이 된다. 그리고 그런 때에 당산나무 밑에서 고누를 두게 되는데,
그때 그의 훈수하고 고누 두는 모습은 마치 관의 칠성판에 구멍을 뚫
는 듯 맹렬하다. 또는 그러한 것을 연상시킬 만큼 갈등을 불러일으킨
다는 말일까?

위에서 본 바와 같이 이 시를 해독하기는 쉽지 않다. 그러나 다시
한 번 기이한 것은 풀리지 않는 데가 많음에도 불구하고 의미가 전달
되는 듯하다는 것이다. 그것은 미당의 민속적인 언어, 반드시 문법과
논리에 맞는 것은 아닌 그러면서 민속 차원의 언어 감각을 전달하는
재능으로 인한 것이라 할 수 있다. 그리고 시에 열거되는 이미지들은
그 자체로서 농촌적인 삶의 분위기를 전달한다. 쟁기질은 쉽게 먹을
수 있는 과일, 문제를 일으킬 수도 있는 안개, 인생의 중요 행사인 혼
인 등의 맥락 속에 놓는다. 주인공 진영 아재의 모습을 말하는 데에는
싸리비, 소소리 바람 속의 원두막, 숭어 철의 냇물 ── 자연의 힘에 흔

들리는 것들이 이야기된다. 그리고 동네 사람들 사이의 관계는 고누판이 칠성판을 연상하게 할 만큼 맹렬하게 경쟁적인 게임으로 연결된다. 그러면서도 그것이 사생결단의 싸움이 아니라 놀이로 남아 있는 것은 틀림이 없다. 이러한 이미지들은 전체적으로 농촌의 노동과 자연과 경쟁적 유희로 특징지어지는 농촌의 삶 그리고 거기에 살고 있는 인간의 모습을 전달한다.

신라 전통의 승계

정치, 경제, 정신, 문화, 그리고 일상적 습속으로 그려 볼 수 있는 신라 사회는 이미 오래전에 사라진 사회이다. 그런데 이것이 오늘날을 위하여 의미 있는 것으로 전수될 수 있을까? 이상 사회로서의 신라의 가능성에도 불구하고, 그것이 오늘의 현실에 얼마나 의미 있는 것이 될 수 있는가에 대한 의문이 일어나지 않을 수 없다. 물론 이러한 의문과 함께 신라가 오늘에도 의미가 있고 또 그것이 계승될 수도 있다는 생각도 미당의 마음에서는 강하게 존재한다. 『신라초』의 뒷쪽의 여러 편의 시들은 신라의 현실적 가능성이나 계승에 대한 문제들을 다룬다고 할 수 있다. 「고조(古調)」라는 제목의 두 편의 시는 전통의 계승의 어려움 그리고 그 지속을 말하는 시라고 할 수 있다. 「고조 일」에서 화자는 갈 길만 있다면, 몇만 리가 되더라도, 동아줄을 타고, 바람이 되어서라도, "門틈으로건 壁틈으로건", 기어이 가겠다고 한다. 그러나 "너"라고 불리는 대상이 "매운재"가 되어 버렸다든지 "흥건한 물"이 되어 버렸다면, 갈 수가 없을 것이다. 이 가겠다는 곳 또는 "너"라는 대상이 무엇인지 어디인지는 명시되어 있지 않다. 그러나 신라적 사회를 말하는 것으로 생각된다. 「고조 이」는 한때 생명이 있던 자리에는 그 귀신이 남아 있게 된다고 말한다. 여기서도, 그렇게 지칭되어 있지 않지만, 사라진 생명체의 귀신은 결국 신라를 전하고 계승하는 정신으로 취하는 것이 마땅할 것이다.

古調 貳

국화꽃이 피었다가 사라진 자린
국화꽃 귀신이 생겨나 살고

싸리꽃이 피었다가 사라진 자린
싸리꽃 귀신이 생겨나 살고

사슴이 뛰놀다가 사라진 자리
사슴의 귀신이 생겨나 살고

영너머 할머니의 마을에 가면
할머니가 보시던 꽃 사라진 자리
할머니가 보시던 꽃 귀신들의 떼

꽃귀신이 생겨나 살다 간 자린
꽃귀신의 귀신들이 또 나와 살고

사슴의 귀신들이 살다 간 자린

그 귀신의 귀신들이 또 나와 살고

좋은 꽃이나 동물, 사람이 좋아했던 것들은 귀신으로 남는데, 다시 귀신이 없어지는 경우에는 귀신의 귀신이 남게 된다고 시인은 말한다. 사람에게 기쁨을 주었던 것은 절대 사라지지 않는 것이다. 그것을 다시 현실이 되게 하려면, 그 귀신의 자국을 확인하는 것이다. 미당이 신라를 말하는 것은 그러한 일에 해당될 것이다. 「진주(晉州) 가서」는 실제 1·4 후퇴 때에 진주에 가서, 사람이 아름답다고 하던 것이 남아 있는 것을 시인 자신이 보았다고 한다. 백일홍 꽃빛 구름, 오백년을 함께 살아남은 암수 느티나무도 보았지만, 기생 논개가 청강(淸江)의 여신이 되어 있는 것을 보았다고 한다. 그 증거는 논개의 강물에다 손을 비비면 병이 낫는다는 민속에서 볼 수 있다.(이때 강물은 논개의 월경의 피라고 생각된다.)

비전의 피로와 실의

신라는 인간적 현실의 모순을 완전히 벗어나지 않았으면서도 이상 사회에 가까운 모델이다. 이것이 미당의 생각이다. 위에서 본 바와 같이, 거기로 통하는 길이 완전히 막혀 있을 수도 있지만, 그 정신은 어딘가에 남고, 미당이 진주에서 확인했다고 생각하는 것처럼 민속 전통에도 — 왜곡되었으면서도 기억에서 완전히 사라지지는 않는 — 민속 전통으로 남는다. 미당은 신라적인 전통을 부활하게 하는 것이 그의 사명의 하나라고 생각했다고 할 수 있다. 그러나 그가 그러한 사명감을 가지고 있었다면, 그는 그것이 극히 외로운 사명임을 깨닫지 않을 수 없었을 것이다. 그의 말에 사람들이 쉽게 설득되지는 않을 것이기 때문이다. 『신라초』에 무력감, 허무감, 절망감을 표현하는 시가 적지 않은 것은 당연하다고 할 것이다.

이러한 느낌은 종종 시인의 정력의 감퇴, 고독, 외로운 행복의 선택 등의 주제로 표현된다. 「석류개문(石榴開門)」은, 가령, 행복한 삶의 추구에 있어서 시인 자신은 이제 주인공이 될 수 없고 동반자 정도가 될 수 있을 것이라는 것을 말한다. 가을에 석류가 익는 것은 그런 대로 새로운 가능성의 문을 여는 것을 의미할 수 있지만, 이제 계절도 늦고, 문 뒤의 새로운 길을 따라갈 만한 젊음이 없다고 시인은 말한다. 다시 이것을 결혼의 비유로 말하건대, "公主님 한창 당년 젊었을 때는/ 血氣(혈기)로 請婚(청혼)이사 나도 했네만" 하면서, 시인 자신이 주인공이 될 수도 있었지만, 지금에 와서는 그는 신행(新行)에 따라가는 상객(上客) 정도가 될 수 있을지 모른다고 한다. 「오갈피나무 향나무」는, 또 있을 수 있는 삶의 선택으로, 사회의 큰 문제에 대한 관심이 없이 밀폐된 사적 공간에서 산다면, 행복할 수도 있다고 다른 가능성을 생각한다. "속에 속에 창문 닫고, 미닫이 닫고 살라면,/ 안에다만 불밝히고 단 둘이서만 살라면," "삼삼하신 사랑 노래사 一萬年은 가겠"다는 것이다. 몇 편의 시에는 전통적으로 외로움의 상징이었던 기러기의 이미지가 나온다. 어떤 시에서는 시인은 스스로를 가을 하늘을 나는 외로운 기러기에 비교한다. 「가을에」는 사랑을 마음에 지니고, "低俗(저속)"함을 기피하는 외로운 사람을 외로운 기러기의 길로 초대한다.

떠돌이의 귀향

오게

아직도 오히려 사랑할 줄을 아는 이.

쫓겨나는 마당귀마다, 푸르고도 여린

門들이 열릴 때는 지금일세.

아직도 사랑을 마음에 지닌 사람은 "섧게도 빛나는 雁行(안행)"을 이제 시작해야 하고 뒷문으로 열리는 "開闢(개벽)"을 기다려야 한다. 「시월유제(十月有題)」는 더 단적으로 "雁旅(안려)"를 말한다. 그것은 "思索(사색)하고 고민하는 이마로써 길을 내 걸어가는" 힘든 길이다. 그러면서, 그것은, 자조적으로 말하듯이, "五六月의 칙덤불과 七八月의 싸리재에/ 한동안씩 잊었던 이 葉錢(엽전) 선비의 길"이다.

「어느 늦가을날」은 조금 더 구체적인 느낌을 주는 비유들로, 자신이 뜻하는 바를 인정받지 못하는 심정을 진술한다.

어느 늦가을날

窮하던 철의 眼鏡 알 摩擦工 스피노자 모양으로, 하늘은 내 가는 앞길의 石壁을 닦고,

맨 늦가을을 나는, 많은 사람의 數없는 往來로 닳아진 ─ 질긴 줄거리들만 남은, 누른 띠밭 길 위에 멎어버렸었다.

갈매의 잔치였다가, 향기였다가 한켤레 미투리로 우리 발에 신겨졌다가, 다 닳은 뒤에는 길가에 던져져서, 마지막 앙상한 날들만을 드러내고 있는 ─

다 닳은 신날 같은 모양을 한 이 意志! 이 意志!
이 속날들만이 또 한번 드러나 앉은 이 意志 때문이었다.

이 시의 주인공은 반드시 외로운 길을 가는 사람은 아니다. 그는
많은 사람이 갔던 길을 갔다. 그러나 그의 길은 점점 인정을 받지 못
하는 것이 되었다. "잔치", "향기", "미투리", 길가에 버려진 "다 닳은"
신발 — 이란 것들은 달라지는 세상의 반응을 표현하는 비유들이다.
그리고 남은 것은 스스로 이를 드러내고 버티고 있는 의지뿐이
다. 그가 가려고 한 것은 하늘을 따르는 것이었으나, 그리고 하늘은
길을 가로막는 석벽을 갈아 없애거나 투명하게 하려 하였지만, 그것
은 안경 마찰공 스피노자의 철학처럼 당대의 인간들이 알아주지 않
는 진력(盡力)이었다. 물론 이 하늘의 작업은 시의 주인공, 아마 미당
자신의 작업이기도 할 것이다. 또는 주인공은 그 하늘의 일을 내면화
하고 그것을 본받아 자신의 길을 가려고 했다고 할 수도 있다. 그런
데 흥미로운 것은 일이 바르게 되지 못한 것이 "속날들만이 또 한번
드러나 앉은 이 意志 때문이었다."라는 결론이다. 하늘의 뜻을 따르는
것이라고 해서 날카로운 의지로서 일이 될 수 있는 것은 아니다. 여기
에서 나오는 교훈은 아마 의지를 버리는 것이 다음 단계의 과제라는
것일 것이다.
『신라초』에는, 그것이 반드시 평화를 가져오는 체념이라고 할 수
는 없지만, 많은 것을 다시 회의하고 포기한다는 것을 말하는 시들이
있다. 「기다림」은 모든 기다림은 끝났다고 한다.

떠돌이의 귀향

내 기다림은 끝났다.

내 기다리던 마지막 사람이

이 대추 굽이를 넘어간 뒤

인젠 내게는 기다릴 사람이 없으니.

다른 시들은 그러한 체념을 이야기하면서도 다시 시작하는 일에
대한 — 순진하고 작은 일들에서부터 다시 시작하는 것들을 말하기
도 한다. 「무제」라는 시가 그렇다.

하여간 난 무언지 잃긴 잃었다.

弱質의 體軀에 맞게

무슨 됫박이나 하나 들고

바닷물이나 퍼내고 여기 있어 볼까.

또 하나의 「무제」라는 제목의 시는 산을 보면 산이 자기보다 엄청
나게 큰 것을 알 수 있는데, 산처럼 되려는 것은 무리한 일이라고 한
다. 그러나 높이 올라가는 것이 아니라, 산도 자신도 닳고 닳아서, 벌
판의 풀을 기르는, 세사(細砂)가 되고 흙이 되는 것이 정도(正道)이다.

개인사적으로 말하여 젊은 시절로 그리고 어린 시절의 순진무구
함으로 돌아가는 것도 한편으로 많은 것을 포기하면서 새로 시작하
는 방법이다. 「사십(四十)」은 젊은 시절의 순수하고 직접적인 사랑을
회고하면 어떨까 하는 이야기를 한다. 「다섯살 때」는 다시 한 번 어린
시절을 회복하고자 하는 소망으로 과거를 살펴보는 시이다. 그러나,

여기에도 미당 특유의 리얼리즘이 있어서, 어린 시절을 반드시 천국의 계절이었다고 하지는 않는다. 이 시는 "내가 孤獨(고독)한 者의 맛에 길든 건 다섯살 때부터다."── 이렇게 시작하여 어린 시절의 심연(深淵)의 경험을 다음과 같이 이야기한다.

父母가 웬 일인지 나만 혼자 집에 떼놓고 온 종일을 없던 날, 마루에 걸터앉아 두 발을 동동거리고 있다가 다듬잇돌을 베고 든 잠에서 깨어났을 때 그것은 맨 처음으로 어느 빠지기 싫은 바닷물에 나를 끄집어들이듯 이끌고 갔다. 그 바닷속에서는, 쑥국새라든가 ── 어머니한테서 이름만 들은 形體도 모를 새가 안으로 안으로 안으로 初파일 燃燈밤의 草綠등불 수효를 늘여가듯 울음을 늘여 가면서, 沈沒해가는 내 周圍와 밑바닥에서 이것을 부채질하고 있었다.

그러나 이러한 알 수 없는 심연의 느낌에서 벗어나 시인은 보다 밝은 세계 ── 열린 세계로 돌아온다.

뛰어내려서 나는 사립門 밖 개울 물가에 와 섰다. 아까 빠져 있던 가위눌림이 얄따라이 흑흑 소리를 내며, 여뀌풀 밑 물거울에 비쳐 잔잔해지면서, 거기 떠 가는 얇은 솜구름이 또 正月 열나흗날 밤에 어머니가 해 입히는 종이적삼 모양으로 등짝에 가슴패기에 선선하게 닿아 오기 비롯했다.

솜구름과 그것이 연상하게 하는 어머니 선물 ── 자연과 어머니 사랑으로 통하여 시인은 악몽으로부터 깨어난다. 신라의 이미지가 미당에게 악몽이었다고 말할 수는 없지만, 그것으로 인하여 그가 고립과 고독에 빠진 것은 사실인 것 같다. 그는 그로부터 보다 자연스러운 세계로 돌아온다. 그러나, 다섯 살 때의 경험과는 달리, 미당이 그의 이데올로기를 버리고 순진한 상태로 돌아왔을 때, 그를 기다리고 있는 것은, 그러한 이데올로기를 생각하게 하였던, 현실 세계이다. 그러나 육체적 현실적 세계로부터 육체와 사회와 정치 그리고 자연이 조화된 세계의 비전에 이르는 '신라'는 그의 시적 탐구를 깨끗하게 하고, 꽃이 져 버린 겨울의 하늘 밑, 동천하에서도 그의 마음을 한결같이 존재할 수 있게 한다.

돌아온 현실

그것은 그의 시적 탐구의 하나의 소득이다. 그러나 우선 그가 돌아가야 하는 것은 주어진 대로의 현실이다. 『신라초』의 마지막에 실려 있는 시들은 현대의 현실을 말하는 시들이다. 신라의 비전은 현대의 현실로 돌아오는 것으로 끝난다. 「근교(近郊)의 이녕(泥濘) 속에서」는 오늘의 도시의 흙탕물 — 사회상을 이야기한다. 이 흙탕은 "썩은 뼉다귀와 살가루와 피바랜 물의 반죽"이다. 이러한 반죽을 건너가거나 그 속에서 살기 위해서는 기술이 필요하다. 거기에 살아남는 사람은 "技術家(기술가)"이다. 그것이 되기 위하여서는 "심줄", "눈치", "묻거나 튀어박이는 技巧(기교)"를 훈련해야 한다.(묻거나 튀어 박힌다는 흙탕물이 지나는 사람의 몸에 묻거나 튀어 박힌다는 것을 말하는 것이어서, 이로운 것에 편승하는 능력을 말하는 것으로 보인다.) 이러한 훈련에는 여러 가지의 경력이 필요하다. "사환", "좀도둑", "거지", "안잠자기", "娼

婦(창부)"——이러한 직업을 갖는 것이 도움이 된다. 마음 씀은 전적으로 출세의 목표에 집중되어야 한다. 삶의 기술로서 연구해야 할 것은 다음과 같은 것이다.

> 이것[흙탕] 위에 씨를 뿌려 돼지를 길러
> 계집애를 살찌워 시집 보낼까.
> 사내애를 먹이어 養子를 할까.
> 그래. 또 한 벌 道服 지어 입혀서
> 國立 서울大學校라도 卒業시켜서
> 純粹派라도 만들어 놓을 터이니
> 꾀부리지 말아라.

위의 시는 『신라초』의 뒤로부터 세 번째에 실려 있는 시인데, 그 다음의 시 「쑥국새 타령(打令)」은 화자의 사랑이 "天國의사랑"이 아니고, 아내의 그러한 사랑을 훔쳤던 것인데, 이제 달아나 버린 아내에게, "옛살던情分(정분)"으로 가루가 되어서라도 그 곁에 붙어 있게 해 달라는 소원을 장난스러운 쑥국새 노래의 형태로 이야기한 것이다. 모든 것을 잃어버린 상태에서 임시방편으로 돌아갈 곳에 있어야겠다는 것을 말한 것이다. 마지막 시 「인연설화조(因緣說話調)」는, 말과 개념에 있어서 지나치게 재치를 부린 놀이로 생각할 수 있으나, 인간사의 많은 것이 사람이 관여할 수 없는 우연과 필연의 얼크러짐 속에서 진행된다는 것을 시사하려는 시로 생각된다. 이 시의 화자는 모란꽃으로 피어 있었다. 그리고 그것을 보고 있는 처녀가 있었다. 이 두 생명체는 여러 우여곡절을 거쳐 다시 서로 마주 보는 모란과 처녀가 되었는데, 그것은 이번에는 서로 자리를 바꾸어, 처녀는 모란이 되고, 모란은 처녀가 된 것이다. 처음으로 다시 돌아가 보건대, 피어 있던 모란꽃은 떨어져 재가 되었다가 흙에 섞이고, 그 재는 강물로 흘러들어 갔다가, 다시 물고기 배 속으로 들어가고, 물고기는 새가 와서 먹고, 어떤 부부가 새를 잡아먹은 다음 아이를 낳고 이 아이가 처녀로 자랐다. 이에 비슷한 경로를 통하여, 처음에 모란을 보고 있던 처녀는 결국 모란 대 속으로 들어가 모란꽃으로 피어나게 되었다. 이 시의 교훈은 결국 많은 일이 우연에 의하여 움직인다는 것이다. 모란 재를 물고기가 먹고 물고기를 사람이 먹고 아이를 낳고 ── 이러한 일들은 순전히 우연의 연속이다. 그러나 다른 한편으로 여러 경로를 거쳐 본래의 모란과 그것을 보는 사람이 다시 서로 연계되는 것은 그 사이의 친밀한 관계, 사랑의 관계 때문이라고 할 수 있다. 거기에는 필연성이 있다. 중요한 것은 감정의 움직임이다. 많은 것은 그것에 의하여 결정된다. 한 발 더욱더 나아가, 감정을 적절하게 조절하는 것은 삶을 우연으로부터 건져 내는 일이라고 할 수 있다. 이렇게 보면 인연은 우연이면서 필연을 말한다.

서정주 사상의 전개라는 관점에서 볼 때, 세상의 모든 일은 우연적인 사건의 연속이다. 그러나 우연에도 불구하고, 세상의 일들은 사람과 사람 사이에 존재하는 깊은 공감 ── 원초적 공감 속에서 움직인다. 크게 볼 때, 일의 경로를 결정하는 것은 이러한 공감이다. 인연이라는 것은 이러한 공감의 연계를 말한다고 할 수도 있다. 사람이 원하는 것이 있다면, 그리고 그 원하는 것이 깊은 인연으로부터 나오는 것이라면, 그 원하는 것을 위하여 지나치게 세상의 일에 개입할 필요가 없다. 원하는 것이 충분히 마음 깊이서 원하는 것이라면, 그것은 언젠가는 성취되게 마련이다. 「인연설화조」가 말하고 있는 것은 이러한 것이 아닌가 한다.

순진한 세계에로의 회귀

그렇다면 사람이 욕망하는 것에 대하여 아무것도 하지 않는 것이 사람 사는 유일한 방법인가? 「귓속말」은 서둘러 하는 행동만이 아니라 급하게 소통하려는 말도 무의미한 것이라는 것을 말하는 시이다. 말로 의견을 말하고 그것의 소통을 원하는 것은 주어진 상태의 순수성을 해치는 일이다.

귓속말

아주머니 소근거리는 귓속말씀은
七월달 감나무 같긴 하오나,
결국은 그렇게 소근거릴 필요도
하나도 없기는 없겠구면요.
당신에 집 제일 예쁜 어린 애기는
칭얼칭얼 늘 그냥 그럴 뿐이지
어디메 귓속말이나 할 줄이나 알아요?

말도 하지 못하는 어린아이를 대할 때, 유일하게 정당한 태도는 아이의 있는 존재를 존중하는 것이다. 아이로 하여금 말을 알아들을 수 있게 하려는 것처럼 어리석은 일은 없다. 순진무구한 상태의 존중, 그것의 보존이야말로 아이를 대하는 사람의 가장 우선적인 의무라고 할 것이다. 이것은 사실 모든 타자에 대한 우리 태도의 근본이어야 마땅하다. 또 세상의 본래적인 있음에 대한 우리의 바른 태도도 그 있음을 우선적으로 존중하는 것일 것이다. 물론 아이는 교육이 필요하고 세상은 개혁이 필요하다. 그러나 그것은 그 존재를 존중하는 것에 기초하여 조심스럽게 두려움을 가지고 접근해야 할 문제이다.

잠정적 결론

미당 서정주의 시는 처음에 강한 의지의 시로 시작하였다. 그러나 그것은 결국 무위(無爲)의 중요성을 깨닫는 데 이르게 된다. 이것이 『화사집』으로부터 『귀촉도』, 『서정주시선』을 거쳐 『신라초』에 이르게 되는 미당의 시적 탐구의 역정이라 할 수 있다. 그런데 위의 마지막 부분에서 설명하려 한 것처럼 모든 세속적 기획을 포기하고 무위와 차원으로 돌아가는 것이 가능한가? 물론 노장(老莊) 또는 불교의 제행무상(諸行無常)의 사상, 공(空) 사상의 영향하에 그렇게 말하는 사람들이 있을 것이다. 그리고 그것은 궁극적인 세계의 진리를 말하는 것일 수 있다. 그러나 위에서 더러 시사한 바와 미당은 삶의 현실을 완전히 초월하는 것에 동의하지 않는다고 할 수 있다. 사실 설령 모든 것을 초월하는 사람이 있다고 하더라도, 그러한 사람이 서 있는 공간은 사회와 세계 안에 있다. 미당의 신라 탐구는 삶의 모든 것을 평화롭게 수용할 수 있는 폭넓은 문화의 틀을 생각해 보자는 것이었다. 그리고 그 삶의 모든 것은 인간의 정신적 희구(希求)도 포함한다. 그러면서 그것은 인간의 삶과 존재의 신비와 허무도 포함한다. 이 관점에서 모든 것의 끝에는 무(無)가 있다. 그리고 침묵이 있다. 그러나 말할 것도 없이 미당의 시적 편력은 『신라초』 후에도 계속된다. 그것은 침묵으로, 또 허무로 끝나지 않는다. 『신라초』 이후의 미당의 시는 신라 탐구의 연속선상에서 계속된다고 할 수 있다. 『신라초』 다음의 시들, 가령 『동천』에서도 삶의 포괄적 질서에 대한 추구는 계속된다. 『동천』이라는 제목은 미당이 그렇게 중시하는 꽃이 피지 않는 계절의 하늘을 말한다. 그는 이런 하늘 밑에서 어떻게 살아야 하는가 하는 물음을 이 시집에서도 계속 묻는다. 그러나 전체적으로 육체적 정열과 의지에 대한 강조는 상당히 줄어든다고 할 수 있다. 그 이유의 하나는 정신의 정화가 그에게 삶의 중요한 요소가 되었기 때문이다. 그러면서도 삶의 의지, 특히 남녀 간의 사랑의 주제는 그대로 남는다. 『동천』은 우리 시사에서 가장 섬세한 연가(戀歌)들을 담고 있는 시집이라 할 수 있다. 다른 한편 『신라초』의 신라 연구는 『학이 울고 간 날들의 시』는 한국의 상고사를 기본으로 하여 한국 전통의 정신과 환경에 대한 탐구를 계속한다. 『질마재 신화』의 큰 동기가 되는 것도 비슷한 공동체적 이상의 추구에 관계된다고 할 수 있다. 그 외에 『서(西)으로 가는 달처럼…』의 세계 일주기 또 기타 자전적 시들에서도 우리는 그의 삶의 이상과 현실에 대한 추구의 흔적들을 볼 수 있다. 물론 수많은 자전적인 시들도 그의 이러한 추구를 이해하는 데 도움을 줄 수 있다.

그리고 또 하나 주의할 것은 미당 시의 언어이다. 이것에 대하여

떠돌이의 귀향

서는 이 글의 서두에 언급하였다. 그러나 그 점에 대하여 별로 논의하지는 못하였다. 그의 시가 완전히 외부의 영향에 대하여 문을 닫고 있었다고 할 수는 없다. 그러나 바깥 세계에 대하여 열림을 유지하면서도, 그만큼 한국의 토착적 언어를 자유롭게 구사한 시인도 별로 많지 않다고 할 수 있다. 그것은 동시에 그가 토착적 현실 — 이제는 거의 사라진 토착적 현실에 열려 있었다는 것을 말한다. 그리고 그의 느낌에 이 토착의 언어와 토착의 현실은 그가 생각하는 보다 인간적인 삶의 열매와 씨앗을 담고 있는 것이었다. 그의 고향을 주제로 하는『질마재 신화』가 그의 시적 정신적 편력에서 차지하는 위치에 대하여서는 이미 언급한 바 있다. 그러나『질마재 신화』를 떠나서도 미당의 시어에는 토속적 삶의 인간성이 — 반드시 이상화만은 할 수 없는 토속적 삶의 인간성이 스며들어 있다. 그에게 이것은 버릴 수 없는 자산이었을 것이다. 위에서 필자는『신라초』의 시들에는 이상과 함께 피로와 실의 그리고 절망을 말하는 시들이 있다는 것을 지적하였다. 그리고 이러한 부정적 느낌에도 불구하고 그가 시를 계속하였다는 것을 말하였다. 물론 그가 시인으로서의 자기 정체성을 버릴 수는 없었을 것이다. 그러나 현실 이해관계를 떠나서, 그가 시 쓰기를 계속한 것은 보다 의미 있는 시를 쓸 수 있다는 느낌을 가지고 있었기 때문이라고 할 수 있다. 한편으로, 삶의 현실적 근거에 대한 그의 강한 의식은 그로 하여금 어떤 이념의 성공과 실패를 지나치게 삶의 전부로 생각하지 않게 하였을 것이다. 그러나 현실이 가진 인간적 자산에 대한 그의 느낌은, 어떤 철학적 직관 이전에 그가 가까이 여기는 언어 속에 이미 들어 있는 것이었다고 할 수 있다. 그는 그것이 시사하는 인간적 자원을 두고 허무에 이를 수는 없었을 것이다. 그러나 이 문제는, 이미 시사한 바와 같이, 더 연구해 보아야 할 문제이다.

위에서 시도한 것은 미당의 시를 초기로부터 중기까지 살펴보는 것이었다. 말할 것도 없이 그의 시에 대한 수많은 평석이 있으나, 필요한 작업의 하나는 그의 시를 일관된 정신의 역정으로 생각해 보는 것이다. 물론 그의 시는 단편적인 시적 관찰과 표현을 담은 것으로도 즐길 수 있다. 그러나 그것을 일관성 속에서 재구성해 보는 것은 그의 시적 추구의 심각성을 새삼스럽게 깨닫는 일이 된다. 위에서 시도한 것은 그의 초기 중기 시를 자세히 읽으면서 동시에 어떤 관점 — 무엇인가를 추구하는 관점에 의하여 일관되는 구도를 드러내는 것으로 읽어 보자는 것이었다. 이러한 작업은 후기에까지 계속되어야 할 것이다.

서정주 시집 목록

제1시집 『화사집』(1941)

제2시집 『귀촉도』(1948)

제3시집 『서정주시선』(1956)

제4시집 『신라초』(1961)

제5시집 『동천』(1968)

『서정주문학전집』(1972년)

제6시집 『질마재 신화』(1975)

제7시집 『떠돌이의 시』(1976)

제8시집『서으로 가는 달처럼…』(1980)

제9시집『학이 울고 간 날들의 시』(1982)

제10시집『안 잊히는 일들』(1983)

제11시집『노래』(1984)

제12시집『팔할이 바람』(1988)

제13시집『산시』(1991)

제14시집『늙은 떠돌이의 시』(1993)

제15시집『80소년 떠돌이의 시』(1997)

김우창　서울대학교 영문학과를 졸업하고 미국 코넬 대학에서 영문학 석사 학위를, 하버드 대학에서 미국문명사 박사 학위를 받았다. 서울대학교 영문학과 전임강사, 고려대학교 영문학과 교수와 이화여자대학교 학술원 석좌교수를 지냈으며 《세계의문학》편집위원, 《비평》편집인이었다. 현재 고려대학교 명예교수, 대한민국예술원 회원으로 있다. 저서로『궁핍한 시대의 시인』, 『지상의 척도』, 『심미적 이성의 탐구』, 『풍경과 마음』, 『깊은 마음의 생태학』등이 있고 역서『가을에 부쳐』, 『미메시스』(공역) 등과 대담집『세 개의 동그라미』등이 있다. 팔봉비평문학상, 대산문학상, 금호학술상, 고려대학술상, 한국백상출판문화상 저작상, 인촌상, 경암학술상 등을 수상했고 2003년 녹조근정훈장을 받았다.

49

단편 소설의 현재성

김동인, 김유정, 김동리, 이태준의
단편 소설 읽기

이남호 (고려대학교 국어교육과 교수)

김동인(金東仁, 1900~1951)

평양에서 태어나 유복한 어린 시절을 보냈다. 도쿄 유학 중 1919년에 주요한 등과 함께 한국 최초의 문예 동인지 《창조》를 간행한 후 귀국했다. 잇따른 사업 실패에 따른 생활고와 아편 중독으로 힘든 시절을 보내다 한국전쟁 때 투병 중 사망했다. 주요 작품으로 「약한 자의 슬픔」, 「배따라기」, 「발가락이 닮았다」, 「감자」, 「광화사」, 「광염 소나타」, 「붉은 산」, 평론 「춘원 연구」 등이 있으며 한국 현대 단편소설의 선구자로 꼽힌다.

김유정(金裕貞, 1908~1937)

1908년 춘천에서 태어났다. 어릴 적 일가가 서울로 상경했으나 일찍 부모를 여의고 고독과 빈곤 속에 성장했다. 본격적으로 작품 활동을 시작할 무렵 폐결핵 진단을 받고 투병과 창작을 병행했다. 사망 전 2~3년 사이에 「소낙비」, 「금 따는 콩밭」, 「봄봄」, 「만무방」, 「동백꽃」, 「따라지」 등 많은 대표작을 남겼다. 김유정의 단편 소설은 대부분 농촌을 무대로 하며 특유의 토속적 어휘를 통해 그들의 물욕, 정욕, 풍속의 단면을 현실적이면서도 해학적으로 그려 냈다.

김동리(金東里, 1913~1995)

1913년 경주에서 태어났다. 1934년 《조선일보》 신춘문예에 시 「백로」가 입선되었고, 1935년 단편 「화랑의 후예」가 《조선중앙일보》 신춘문예에, 이듬해 단편 「산화」가 《동아일보》 신춘문예에 당선되면서 창작을 시작했다. 광복 이후 한국문인협회, 대한민국예술원, 한국소설가협회 등 주요 문예 단체의 대표를 맡아 활동했다. 소설집 『무녀도』, 『황토기』, 『등신불』, 『을화』, 『밀다원시대』 등과 다수의 시집, 수필집, 평론집을 냈다.

이태준(李泰俊, 1904~?)

1904년 철원에서 개화파 지식인의 아들로 태어났다. 1925년 《시대일보》에 단편 「오몽녀」를 게재하여 등단했다. 이후 《개벽》에서 기자로 일하고 문예지 《문장》을 주재하며 「달밤」, 「가마귀」, 「복덕방」, 「농군」, 「돌다리」 등의 작품을 발표했다. 김기림, 이효석, 유치진, 정지용 등과 '구인회'를 결성하기도 했다. 광복 후 조선문학가동맹 중앙집행위원회에 참여하다 「해방 전후」를 발표하고 1946년 월북했다. 소설 외에도 문장론 『문장강화』가 유명하다.

1 과거의 문학, 현재의 독자

향가 이래 1300여 년에 걸친 한국문학사는 적지 않은 문학적 유산을 남겼으며, 특히 20세기 이후 한국 현대 문학의 성과는 괄목할 만한 것이 아닌가 한다. 여러 다양한 문화유산 가운데서도 특히 문학적 유산의 비중이 크고 그 수준도 높은 편이라 하겠다. 이만한 문학적 유산을 지니고 있는 나라나 민족도 그리 많지 않을 듯하고, 이에 대하여 문화적 긍지를 지닐 만하다고 생각한다.

다른 문화유산도 그러한 면이 있지만 문학 유산은 그 현재성이 중요한 의미를 지닌다. 여기서 현재성을 지닌 문화란, 요즘의 세상 속에서 요즘 사람들에게 계속적으로 향수되고 소비되는 살아 있는 문화를 뜻하고자 한다. 예전부터 있어 왔지만 오늘날에도 여전히 즐겨 먹는 김치는 현재성을 지닌 음식 문화라 할 수 있다. 마찬가지로 1000년 전의 문학 작품이 현재 독자들에게 즐겨 읽힌다면 그 문학 작품은 오늘날에도 살아 있는, 현재성을 지닌 작품이다. 오래전의 작품이면서 오늘날에도 여전히 즐겨 읽히는, 시공을 초월한 보편적 의미와 감동을 지닌 작품을 고전이라고 한다면, 고전은 현재성을 지닌 문학 작품이라고 달리 말할 수 있다.

한국문학사가 남긴 수많은 문학 작품들 가운데서 현재성을 지닌 작품은 무엇이며, 또 얼마나 되는가를 물을 수 있다. 이 물음은 어떤 문학 작품이 한국 문학의 고전인가라는 물음으로 변주될 수도 있고, 또 어떤 문학 작품이 요즘의 독자들이 찾아서 읽는 독서의 대상인가라는 물음으로 변주될 수 있다. 19세기 이전의 한국 문학 작품 속에

단편 소설의 현재성

그런 작품이 있을까? 아쉽게도 춘향전도 구운몽도 향가도 가사도 그렇지 못할 것이다. 그런 작품을 찾아서 읽는 자발적 독자는 아마도 거의 없을 것이다. 시조나 한시 몇 편을 자발적으로 찾아 읽는 독자들이 좀 있을지 모르겠으나 있다 해도 그리 많지는 않을 듯하다. 오늘날 다수의 독자가 있다면, 그 독자의 대부분은 강요된 공부를 하는 학생들이거나 아니면 그에 대해서 연구하는 연구자들이 아닐까 한다. 다시 말해 그것들은 자발적 독서의 대상이라기보다는 공부나 연구나 참조의 대상이 된다.

이러한 사정은 20세기 한국 현대 문학 작품들에 대해서도 비슷할 것이라고 판단된다. 우리 주변에 이광수의 『무정』이나 채만식의 『태평천하』나 이기영의 『고향』을 찾아서 읽는 자발적 독자가 얼마나 될까? 물론 많은 학생들이 공부 때문에 찾아서 읽는다. 그리고 국문학을 전공하는 대학생이나 연구자들은 더 깊이 찾아서 읽고 있을 것이다. 그러나 문화 향수, 교양 체험의 대상으로서 이런 작품을 찾아서 읽는 경우는 매우 드물 것이다. 이 글의 주제가 되고 있는 네 작가 즉 김동인, 김유정, 김동리, 이태준의 단편 소설들의 경우도 별로 다르지 않을 것이다. 이에 대해서 우리는 오늘의 관점에서 이 작품들이 읽을 만한 가치와 흥미가 있는 것인지 다시 물을 필요가 있다.

김동인, 김유정, 김동리, 이태준은 20세기 한국문학사에서 중요한 위치에 있는 작가들이다. 이들의 단편 소설은 당대에 좋은 평가를 받았고, 이후 많은 연구가 뒤따랐다. 그리고 자발적 독자가 있건 없건 우리 사회에서 또 교육계에서 권장 도서의 지위를 누리고 있다. 그렇다면 이들의 단편 소설이 현재성을 지니고 있는 것인지, 있다면 그 현재적 의의가 무엇인지 궁금해진다.

이들의 단편 소설은 여러 가지 방식으로 만날 수 있다. 시험공부의 대상으로 만날 수도 있고, 미학적 탐구의 대상으로, 또는 당대의 현실에 대한 참조로 만날 수도 있다. 문학사적 의의를 따지는 관점에서 만날 수도 있고, 또 형이상학적 탐구의 소재로서 만날 수도 있다. 그러나 문학 작품을 만나는 가장 기본적이고 보편적이고 중요한 방식은 문화 향수, 교양 체험의 대상으로 만나는 것이다. 어떤 문학 작품이 문화 향수와 교양 체험의 좋은 대상이 될 수 있다면 그 문학 작품은 현재성을 지닌다고 말할 수 있다. 현재성은 고전의 조건이면서 권장 도서의 조건이 된다.

이 글에서는 김동인, 김유정, 김동리, 이태준의 단편들을 오늘날의 일반 독자의 관점에서 문화 향수와 교양 체험의 대상으로 만나 보고, 그럼으로써 그 작품들의 현재성을 재검토하고자 한다. 그런 점에서 이 글은 심각한 문학 연구라기보다는 소박한 교양 독서의 감상문에 가까운 것이 되겠다. 이 감상이 네 작가의 단편 소설을 도서관 서고에 보관해 둘 것인가 아니면 우리 책상 위에 두고 가까이 할 것인가를 판단하는 데 참조가 되기를 희망한다.

2 인간의 어리석음과 모순성 — 김동인의 단편

김동인은 스무 살이 되던 1919년,《창조》라는 동인지를 발간하고 거기에 단편 「약한 자의 슬픔」을 발표하면서 작가가 되었다. 이광수와 더불어 한국 현대 문학의 선구자라고 할 수 있다.

「약한 자의 슬픔」은 시기적 선구성을 인정한다 하더라도 여러 가지 면에서 어설픈 작품이다. 구성이나 문체 그리고 인물과 스토리까지 허술함이 보인다. 작가는 "강엘리자벳트, 자기로써 살지를 못하고 누리에 비최인 자기 기름자로써 살고 강하여 보이고도 약한 강엘리자벳트, 그의 슬픔 그리고 엘리자벳트로써 대표된 현대 사랑의 약점"[1]을 그렸다고 밝히고 있지만, 실감이 전혀 느껴지지 않는 인물이요 사건이라 하겠다. 소설의 첫머리에 혜숙의 집에 놀러가서 나누는 대화도 어색하고 엘리자벳트의 생각이나 태도도 잘 이해가 되지 않는다. 중등학교 문학 교실에서 이러한 작품이 아직도 거론되고 있다는 사실이 안타까울 뿐이다.

사실 김동인의 대표작으로 흔히 언급되는 「배따라기」, 「감자」, 「발가락이 닮았다」, 「명문」, 「광염 소나타」, 「광화사」 등의 작품도 「약한 자의 슬픔」이 보여 주는 어설픔을 크게 벗어나지 못하고 있다고 보인다. 「배따라기」나 「발가락이 닮았다」는 구성이나 사건 전개가 억지스럽다. 묘사의 선택과 생략이란 점에서도 자연스럽지 못하다. 대체로 자세하고 실감 나는 묘사가 많이 부족하지만, 어떤 경우에는 별 필요 없을 듯한 묘사가 나오기도 한다. 주제 면에서도 삶을 잘 관찰하고 있다고는 생각되지 않는다.

「감자」는 그나마 짜임새가 좀 나은 작품이다. 이 작품은 양갓집 딸로 태어난 복녀라는 순박한 여인이 가난 속에서 타락하고 마침내 죽음에 이른다는 내용이다. 복녀의 몰락과 타락 과정은 충격적이다. 환경이 인간을 어떻게 바꾸어 놓는가 하는 관점에서 나름대로 호소력과 의미가 있는 작품이라고 할 수 있다. 그러나 이러한 주제가 제대로 다루어지기에는 사건의 전개가 너무 소략하다. 복녀의 파란 많은 인생을 담기에는 너무 짧아서 마치 장편 소설의 줄거리를 요약해 놓은 듯하다. 인생 변전의 과정을 제대로 그리기 위해서는 고비 고비마다 복녀가 처한 외면적 내면적 상황이 섬세하게 드러나고 거기서 인생의 진실이 느껴져야 하는데, 이 작품은 그런 기대를 충족해 주지 못한다. 가령 복녀가 왕 서방의 결혼식 날 밤에 그의 집에 들어가 행패를 부리고 마침내 죽음에 이르는 사건은 너무나 대충 서술되어 버리고 말아 독자를 어리둥절하게 한다. 「감자」는 복녀라는 기구한 여인의 삶을 보여 주긴 하지만, 그녀의 진실과 아픔을 제대로 전달하는 데까지는 이르지 못하고 있다.

　「광염 소나타」와 「광화사」는 황당한 이야기를 담고 있다. 유미주의, 예술가 소설 등의 말이 있지만, 이런 것이 과연 유미주의, 예술가 소설과 연관이 있을지 모르겠다. 김동인의 다른 소설을 두고 자연주의라고들 하지만 「감자」 같은 소설이 왜 자연주의인지 알 수 없는 것과 같은 이치다. 「광화사」의 화공과 소경 처녀의 이야기는 단순히 흥미로운 이야깃거리가 될지는 모르겠으나 황당하다. 너무 터무니없는 내용이라 작가도 이야기를 꾸며 내는 화자의 액자를 만들어 둔 것 같다. 이런 비교를 해도 될는지 주저되지만, 황당한 옛이야기를 쓰더라도 아쿠타가와 류노스케의 「두자춘」 같은 작품은 인생에 대해 깊은 통찰이 담겨 있으나 「광화사」에는 그런 점이 아예 없다고 할 수 있다.

　「광염 소나타」도 「광화사」보다는 조금 더 궁리가 들어간 작품이지만 그래도 황당하기는 마찬가지다. 주인공 백성수는 음악을 위해서 방화를 한다. 그는 불의 흥분 속에서 예술적 영감을 얻는다. 여기서 더 나아가 백성수의 예술혼과 방화의 관계 또는 예술과 현실의 관계를 천착하였다면 흥미로운 작품이 되었을는지 모른다. 그렇지만 김동인은 주인공에게 시간(屍姦)과 살인까지 하도록 한다. 주제의 깊이를 더한 것이 아니라 괴기(怪奇)의 극단을 더한 것이다.

김동인의 단편 가운데서 「태형」과 「곰네」가 그래도 괜찮은 작품이라 할 수 있다. 「태형」은 김동인의 초기 작품임에도 불구하고 상당히 안정된 문체와 구성을 보여 준다. 묘사도 구체적이고 실감 난다. 감옥 안에서 일어난 일을 자세히 적고 있는데, 아마도 3·1운동 격문을 써 준 일로 석 달간 옥고를 치렀던 작가의 체험을 바탕으로 했기 때문에 구체성과 실감을 확보할 수 있었던 것으로 짐작된다. 「태형」은 이러한 구체적이고 사실적인 묘사를 바탕으로, 다른 사람의 목숨마저 아랑곳하지 않고 자신의 편안만을 취하려 하는 인간의 이기적 본성을 무리 없이 드러낸다.

「태형」이 구체적이고 사실적인 묘사가 돋보이는 작품이라면, 「곰네」는 성격 창조가 돋보이는 작품이다. 부모가 모두 돌아가시고 홀로 된 곰네는 처녀의 몸으로 굳세게 살아간다. 돈을 모아 시집도 가고 아기도 낳는다. 건달 남편이 속을 썩여도 삶의 고난에 굴복하지 않는다. 마지막에는 불쌍한 거지 아이까지 거두어 준다. 김동인의 작품들은 대개 결말을 죽음으로 처리하는데, 「곰네」는 예외적으로 긍정적 장면으로 결말짓고 있다.

그러나 「태형」과 「곰네」가 비교적 안정된 모습을 보여 주기는 하지만, 이 두 작품에서는 김동인의 특성이 강하게 느껴지지 않는다. 다른 작가도 쓸 수 있는 작품처럼 생각된다. 오히려 「감자」, 「발가락이 닮았다」, 「광염 소나타」 같은 작품에서 보듯이, 극단적 인물과 황당한 사건에 김동인 소설의 특성이 있는 것으로 생각되기도 한다. 그리고 이들 소설에서 어떤 종류의 에너지도 더 많이 느껴진다. 이 지점에서 필자의 김동인 소설에 대한 독서 체험이 다소 혼란스러워지는 것은 사실이다.

한편 김동인 소설이 보여 주는 많은 허술함과 무리와 억지에도 불구하고 그의 소설이 일관되게 전달하는 의미 있는 메시지가 있다. 그것은 인간이 매우 어리석고 모순된 존재라는 메시지다. 김동인의 소설에 등장하는 거의 모든 주동 인물들은 이기적 탐욕과 무모하고 충동적인 감정에 굴복하는 어리석고 모순된 존재다. 그래서 자신의 주변도 파괴하고 스스로도 파멸하는 경우가 대부분이다. 김동인 소설은 세상이 지옥이고 인간이 악마임을 거듭 강조하고 있으며, 우리는 그것이 과장되었다고 말할 수 있을지라도 거기에 부정할 수 없는 진실이 있음을 외면하기는 어렵다. 그리고 선하고 긍정적인 가치의 주장 뒤에 숨어 있는 많은 거짓들에 쉽사리 설득당하지 않으려는 의지를 배우게 되고 또 자기 자신을 포함한 세상의 많은 배반에 견디는 힘을 배우게 되는 측면도 있다. 그렇지만 이런 메시지들이 보다 진지하고 실감 나게 탐구되지 못하고 있음은 다시 한 번 지적해 둘 수밖에 없다.

3   거칠고 무지한 삶과 해학적 문체 ― 김유정의 단편

김유정은 스물아홉의 나이로 요절했다. 그는 몹시 가난하고 병들고 거칠고 불안정한 삶 속에서도 약 5년에 걸친 창작 기간 동안 30여 편의 소설을 남겼다. 20세기 전반에 활동했던 시인 작가 대부분의 삶이 그러했지만, 특히 김유정의 삶은 불안정하고 위태로웠다. 안정된 공간에 머물며 조용히 작품을 구상하고 집필하고 신중하게 퇴고할 수 있는 그런 생활이 아니었다. 이 점은 그의 작품에 투영되어 있는 바, 애석하게도 그의 작품들은 대부분 거칠고 허술하고 완성도가 떨어지며 또한 소품이다. 그러면서도 김유정은 누구도 흉내 낼 수 없는 소설 공간을 창조해 냈고, 해학적 문체와 에너지 넘치는 필력 그리고 탈속한 만무방의 눈으로 엉터리 세상을 개성적으로 그려 냈다.

김유정의 소설은 아직 전근대적 삶의 방식으로 살아가는 가난하고 궁벽한 시골 사람들의 삶을 주로 이야기한다. 궁벽한 시골 사람 중에서도 특히 가난하고 무지하고 무모한 사람들의 이야기다. 「산골 나그네」, 「노다지」, 「금 따는 콩밭」, 「만무방」, 「소낙비」, 「솥」, 「따라지」, 「금」, 「안해」, 「가을」 등 김유정 문학의 본령이라 할 수 있는 작품들이 대개 그러하다. 노름, 도적질, 마누라 때리기, 계집질 등이 이야기의 주된 내용을 이루는데 가정 폭력이 이처럼 범람하는 문학은 동서고금을 막론하고 예를 찾기 어려울 정도이다. 거칠고 황당한 이야기가 너무나 어처구니가 없어 오히려 웃음을 자아내고, 여기에 작가의 해학적인 문체가 큰 효과를 내지만, 그러나 결과적으로 마음의 무거움과 슬픔을 남긴다.

「노다지」와 「금 따는 콩밭」, 「금」은 금점(金店)을 소재로 한 작품이다. 가난을 벗어날 길 없는 등장인물들에게 금은 마지막 희망이요 수단이다. 이들은 마치 불로 달려드는 나방처럼 맹목적이다. 윤리도 없고 이성도 없다. 동무와 은인도 배신하고, 무모하게 삶의 마지막 남은 것까지 던지고, 자해도 서슴지 않는다. 거의 제정신이 아닌 사람들의 거친 삶을 이야기한다. 이들의 행동과 선택은 너무나 무모하고 너무나 비윤리적이고 파멸이 뻔히 보이는 것이다. 결코 웃을 수 없는 이야기이지만 어쩔 수 없이 쓴웃음이 나올 수밖에 없는 슬픈 코미디다.

「소낙비」, 「솥」, 「가을」, 「안해」 등은 아내에게 얹혀살면서도 아내를 때리고 구박하는 내용이 주를 이룬다. 아내들은 무지하고 억세다. 죽어라 일하고도 굶기 일쑤고 얻어맞기 일쑤다. 심지어는 몸까지 팔게 되기도 한다. 가령 「가을」에서 복만이는 아내를 소 장수에게 50원을 받고 팔아넘긴다. 또 「솥」에서는 고생하는 아내를 속이고 솥까지 몰래 훔쳐 들병이와 도주하려 한다. 그러나 「안해」에서 보듯이 이들의 터무니없는 삶은, 터무니없이 가난하고 엉터리인 세상을 살아가는 어쩔 수 없는 하나의 방식일 수 있다. 어처구니없는 짓을 하는 등장인물들은 아주 나쁜 사람이라기보다는 무지하고 순박한 사람이라는 인상을 준다. 그래서 독자들에게 등장인물들은 멸시나 비판의 대상이 되기보다는 연민과 동정의 대상이 된다.

이런 말도 안 되는 삶과 사람들의 이야기를 천연덕스럽고 유머러스하게 펼치는 작가 김유정은 바보 같기도 하고 동시에 천재 같기도 하다. 김유정의 개성적인 문체와 작품 세계의 문학적 가치는 분명해 보인다. 그러나 고전으로서의 자질이나 현재성의 관점에서 김유정의 이런 작품들은 매우 난처한 위치에 있다. 내용은 너무 거칠고 황당하다. 형식도 거칠고 허술하다. 필자는 김유정의 이런 작품들이 오늘의 일반 독자들에게 어떤 의미를 줄 수 있을는지 의문을 던지게 된다. 과연 일반 독자들에게 일독을 권할 만하고 더 나아가 고등학생과 대학생 들에게 권장 도서로 제시할 만한지 판단하기 쉽지 않다. 굳이 판단한다면 조금 부정적이지 않을까 한다.

한편 「봄봄」, 「동백꽃」, 「산골」은 가난하고 무지한 시골의 삶을 해학적 문체로 그려 내면서도 그 내용이 온건하고 정제되어 있으며 또 짜임새도 안정감이 높은 편이다. 세 편 모두 시골의 처녀 총각 사이의 아름답고 순박한 사랑 이야기다. 특히 「동백꽃」은 여러 가지 면에서 완성도가 높고 보편성을 갖추어 김유정의 대표작으로 자주 언급되며, 중등학교의 문학 교실에서도 자주 다루어진다. 주인집 딸과 마름집 아들의 투박한 사랑이라는 온건한 주제를 다루면서 시골 생활의 순박한 맛과 피곤한 현실을 넘어서는 넉넉한 마음이 잘 드러나 있다. 그리고 해학적 문체의 곳곳에서 해학뿐만 아니라 아름다움도 느껴진다. 「동백꽃」의 짜임새보다는 조금 미흡하지만 「봄봄」이나 「산골」도 거의 필적하는 미덕을 지닌 작품이다.

그러나 「봄봄」, 「동백꽃」, 「산골」이 김유정의 다른 거친 주제의 작품들보다 더 낫다고 하기도 역시 주저된다. 앞서 언급한 「만무방」 등의 작품들이 보여 주는 강렬한 주제 의식을 「동백꽃」 등의 작품에서는 만날 수 없다. 존재와 윤리를 모두 던져 엉터리 세상에 대결하는 무모한 힘이 없다. 즉 「동백꽃」 등은 잘 만들어진 작품이긴 하지만 「만무방」 등과 같은 거친 힘을 보여 주지는 못한다. 「만무방」 등의 경우, 주인공들은 세상의 질서 밖에 있는 듯이 보인다. 마찬가지 논리로 김유정의 소설들은 문학의 질서를 벗어나 있는 것 같다. 작품으로서는 「동백꽃」이 우수하다고 해야 하겠지만, 김유정의 문학적 성격은 「만무방」 등에서 더 잘 드러나는 것이 아닌가 한다. 이런 생각은 앞서 김동인의 경우에도 언급했지만, 김유정의 경우 더욱 강하게 드는 것은 어쩔 수가 없다. 이래저래 김유정은 혼란스러운 작가이고, 안타까운 작가이고, 알 수 없는 작가이다.

4 사연의 과잉과 아이러니의 부족 — 김동리의 단편

김유정과 달리 김동리는 약 45년에 걸쳐 작품을 발표했으며, 남긴 작품도 다양하고 많다. 1935년 「화랑의 후예」, 1936년 「산화」로 등단한 이후 불과 몇 년 사이에 「바위」, 「무녀도」, 「먼산바라기」, 「허덜풀네」, 「황토기」, 「찔레꽃」, 「동구 앞길」 등 주목할 만한 작품을 대거 발표하면서 자기 세계를 구축했고, 해방 이후에도 「흥남철수」, 「밀다원시대」 등 전쟁 상황에서의 인간 군상의 삶을 충실하게 그려 냈고 나아가 건강이 허락할 때까지 지속적으로 작품 활동을 했다.

김동리의 작품 가운데서 가장 널리 알려진 것은 「무녀도」일 것이다. 「무녀도」가 김동리의 대표작이라는 평가도 많다. 이 작품은, 잘 알다시피, 무당인 어머니와 기독교를 믿는 아들의 대립과 갈등을 다루고 있다. 모화는 사랑하는 아들이 나쁜 귀신에 홀렸다고 생각하고, 아들 욱이는 오히려 모화가 그러하다고 믿는다. 각기 다른 신을 모시는 이들의 갈등은 날이 갈수록 심해지고 급기야는 욱이의 죽음과 뒤이은 모화의 자살이라는 파국으로 귀결된다. 이 대립과 파국을 펼쳐 보이는 작가의 필력은 만만치 않다. 괴기스러움과 긴장감이 가득한 작품이다. 낭이라는 인물의 설정도 작품에 흥미를 더한다. 그러나 주제의 깊이 면에서는 좀 실망스럽다. 물론 「무녀도」는 종교 대립이라는 매우 큰 주제를 다루고 있긴 하지만, 두 종교가 서로 배척하는 극단적 행위만 나열될 뿐 더 깊은 의미의 탐구는 거의 없어 보인다. 그 대신 기구한 사연과 괴기스러운 분위기가 독서의 몰입을 유도한다.

밀도와 짜임새의 면에서 「무녀도」보다 좀 못하지만 「황토기」와 「바위」도 「무녀도」만큼이나 주목되는 작품이다. 무당이라는 소재가 큰 역할을 하는 「무녀도」와 마찬가지로, 황토골의 전설과 바위 신앙이라는 소재가 이들 작품의 성격을 강하게 지정한다. 그러면서 「황토기」는 어떤 특정 능력을 지닌 인간의 기구한 삶을 흥미롭게 그려 낸다. 민간 신앙적 소재가 김동리 소설에서 주요한 비중을 차지한다는 것은 널리 알려진 사실이다. 김동리의 여러 소설은 민간 신앙을 믿는 인물들의 삶을 그리고 있다. 「황토기」와 「바위」도 그러하다. 「황토기」는 황토골 전설을 바탕으로 힘이 아주 센 사람은 어떻게든 그 힘을 쓸 곳이 있어야 한다는 삶의 간단한 이치를 개성적인 서사에 담고 있다. 「바위」도 민간 신앙을 바탕으로 하되, 기구한 거지 여인이 품은 자식에 대한 간절한 그리움을 보여 준다. 이 두 작품은 기구한 사연과 민간 신앙적 소재 자체가 흥미로운 것이지만 이에 더하여 「황토기」는 특별한 능력을 지닌 인간의 불행을 통해서 인간에 대한 이해를 넓혀 주고 「바위」는 거지 여인의 보편적 자식 사랑을 통해 인간에 대한 이해를 낯설게 해 주는 작품이라 할 수 있다.

　이러한 작품에서도 특징적으로 드러나는 것이지만, 김동리의 많은 소설은 민간 신앙이나 불교 혹은 전설이나 야담 그리고 예술과 관련된 소재를 다룬다. 그리고 인물들은 대개 기구한 사연의 주인공이다. 그래서 기이한 느낌을 준다. 이것이 김동리 소설의 기본 구조라고 할 수 있다. 다시 말하면, 김동리 소설의 주인공들은 인간의 의지나 노력으로 극복할 수 없는 기구한 운명이나 사연을 지닌 인물이며, 이 인물들은 민간 신앙이나 종교나 예술에 귀의하거나 아니면 전설이나 야담의 형식으로 설명된다. 가령 「역마」의 주인공 성기는 아무것에도 마음을 붙이지 못하다가 계화를 사랑하게 된다. 그러나 계화는 씨가 다른 누이동생이라 그 사랑은 이룰 수 없는 사랑이다. 현실에서는 더 이상 출구가 없기에 성기는 '역마살'이라는 민간 신앙에 의존하게 된다.

　「저승새」에서 만허 스님과 저승새의 연관 뒤에도 이루지 못한 사랑이라는 기구한 사연이 깔려 있다. 원래 만허 스님은 경술이라는 이름의 머슴이었는데 주인집 남이와 사랑하는 사이가 된다. 그러나 부모의 뜻에 따라 남이는 다른 곳으로 시집을 가고, 거기서 아들을 낳고 죽는다. 경술은 견딜 수 없는 삶을 불교에 귀의하여 스님이 된다. 그리고 봄이 되면 찾아오는 저승새를 남이의 영혼이라고 믿고 매년 기다린다. 「한내마을의 전설」은 정 진사 댁의 몰락을 다루고 있는데, 그 몰락의 마침표는 머슴 상수와 손녀 명숙의 이룰 수 없는 사랑이다. 작가는 이 기구한 운명을 한내마을 앞을 지나가는 강에 얽힌 전설, 즉 "동네 앞 당나무 축대 위에서, 그 강물이 번쩍이며 흐르는 것이 보이기 때문에 마을에 항상 음문(淫聞)이 끊이지 않는다."라는 전설과 연결시킨다. 「달」 역시 정국과 달, 달과 숙희의 이룰 수 없는 사랑이 기본 줄거리다. 무당이 달 밝은 밤에 얻은 아들 달은 정국이라는 여자아이를 좋아하나 세상의 손가락질에 못 이겨 정국은 물에 빠져 죽는다. 그 뒤로 달은 숙희의 사랑을 뿌리치고 늘 정신 나간 사람이 되어 물을 찾아가고, 결국 달이 밝은 날 물에 빠져 죽는다. 이 작품도 못 이룬 사랑의 한과 달의 정기를 연결시키고 있다. 「등신불」이나 「만자동경」이나 「불화」나 「까치 소리」 같은 작품도 대개 이러한 구조로 되어 있다.

기구한 운명의 삶을 신앙이나 전설과 연결시키는 기본 구조는 김동리 소설의 명암을 동시에 보여 준다. 「황토기」, 「바위」, 「역마」, 「무녀도」 등의 경우는 김동리 소설의 성격을 대표하면서 널리 호평받은 작품들이다. 그러나 이런 구조를 지닌 다른 작품들은 야담 수준을 크게 벗어나지 못하는 경우도 흔한 것 같다.

민간 신앙적 소재의 작품들이 김동리 소설의 전부인 것은 아니다. 초기부터 김동리 소설은 현실의 비참한 삶을 사실적으로 그려 왔다. 여기에는 좋은 작품이 여럿 있다. 데뷔작이라 할 수 있는 「산화」가 그러하고, 「팥죽」, 「찔레꽃」, 「동구 앞길」, 「혼구」, 「미수」 등이 또한 그러하다. 가난하고 소외된 사람들의 비참한 삶을 이 정도로 사실적으로 객관화해 그려 낸 작품도 흔치는 않을 것이다. 소위 현실 참여 작가들의 작품보다 오히려 더 현실 참여적 관점에서 돋보이는 작품들이지만 김동리 소설의 이런 측면은 그동안 별로 주목받지 못했다. 이는 아마도 해방 이후 김동리의 정치적 태도 때문이 아닌가 한다. 작가의 정치성 때문에 작품의 가치가 외면된 사례의 하나라 생각된다.

「산화」는 숯 굽는 마을 사람들의 비참한 삶을 그린 작품이다. 이야기는 솔잎으로 겨우 연명하는 한쇠 가족을 중심으로 전개되는데, 그 빈곤의 세목은 말할 수 없이 처참하다. 거기다가 썩은 고기에 의한 집단 식중독과 난데없는 산불이라는 소재는 작품의 극적 효과를 한 층 높인다. 「산화」는 그 어떤 사회주의 계열의 작품보다 강렬하고 무서운 작품이다. 「찔레꽃」이나 「동구 앞길」, 「어머니」, 「미수」 등도 현실주의적 중요성과 완성도가 높은 작품이라 할 수 있다. 이러한 작품들은 김동리의 대표작으로 당연히 언급되어야 한다고 생각된다.

그런데 여기서 한 가지 더 지적할 수 있는 것은, 가난과 비참의 주인공은 대체로 여인이라는 점이다. 김동리의 소설은 무당, 머슴, 소경, 거지, 과부 등 병들고 소외받고 버림받은 인물들이 자주 등장하지만, 그 가운데서도 특히 가난하고 불행한 여인의 비참한 삶에 주목한다. 「찔레꽃」, 「어머니」, 「미수」, 「바위」, 「허덜풀네」 등등이 다 그러하다. 이러한 작품들은 페미니즘의 관점에서도 해석하고 평가할 수 있다. 김동리 소설이 현실주의적 관점에서 중요한 성과를 내고 있고, 특히 불행한 여인들의 삶을 주목하고 있다는 의의에 대해서는 유종호 평론가가 이미 잘 지적한 바 있다.

> 그가 작가로서 당대 사회를 관찰하고 재현했을 때 그의 작가적 시야에 전면으로 부상한 것은 동포들의 가난과 특히 전통 사회에서 여성의 곤경이었다. 그리고 그러한 빈곤과 여성 곤경의 주제는 동시대 단편 소설 중 가장 성공적인 작품으로 구현되었다. (……) 작가 김동리가 어떠한 문학 이론을 내세우든 그의 대표적 초기 단편들은 우리 사회의 현실의 어두운 부분을 선연하게 조명해 주었다. 특히 여성의 사회적 가정적 곤경에 대해

서 동시대의 누구보다도 생생하고 진실된 문학적 증언을 남겨 주었다. (……) 현실 윤리적이며 신비적이라는 김동리 작품 성격은 몇몇 작품의 특징을 확대하여 일반화한 것에 지나지 않는다.[2]

김동리의 소설은 이처럼 민간 신앙 소재의 작품들과 현실주의적 작품들이 큰 갈래를 이룬다. 이에 더하여 작가의 전쟁과 피난 체험이 바탕이 된 일련의 작품들이 있고, 또 역사적 소재를 다룬 일련의 작품들도 있다. 그의 작품은 다양한 성격을 보여 줄 뿐만 아니라 수준에 있어서도 큰 편차를 보인다. 민간 신앙 소재의 작품들과 현실주의적 작품들 가운데 비교적 높은 수준의 작품이 많다는 것은 살펴본 바와 같다. 그러나 김동리 소설 전체를 관통하는, 약점이라고 말해도 될 만한 성격이 하나 있다. 그것은 거의 모든 작품에서 아이러니가 약하거나 부족하다는 점이다. 아이러니는 소설이 인생을 그려 내는 데 거의 필수적으로 수반되는 요소라 할 수 있다. 아이러니가 부족한 소설은 그 의미가 평면적이 될 수밖에 없다. 김동리의 단편 소설은 마치 장편의 한 부분이거나 아니면 장편을 요약한 듯한 느낌을 주는 경우가 많다. 그리고 평면적인 느낌을 주는 경우도 많다. 평면적인 사건의 전개라고 말해도 되겠다. 그것은 아마도 아이러니의 부족과 연관이 있을 것이다. 이에 대한 보완으로 김동리 소설은 기구한 사연이나 민간 신앙적 소재를 적극 활용한다. 그 활용이 성공적인 작품들은 아이러니의 부족이 감추어지고 소설이 풍성한 느낌을 얻게 된다. 이런 점에서 김동리 소설은 대개 의미보다는 소재가 강하다고 말할 수 있다.

마지막으로 김동리 소설에 관한 논의에서 꼭 언급하고 싶은 작품이 따로 두 편 있다. 작가가 말년에 쓴 「이별이 있는 풍경」과 「참외」가 그것이다. 평생 꾸준한 창작 활동을 보여 주었지만 초기작들의 무게가 이후 작품들의 그것을 넘어서는 것은 김동리의 경우에도 해당되지만, 이 두 작품만은 특별한 관심에 값하는 것이 아닌가 한다.

먼저 「참외」를 살펴보자. 주동 인물인 영순네 가족은 단칸방에 세 들어 산다. 사정이 매우 곤궁하나 영순네는 리어카 행상을 하면서 악착같이 열심히 살고, 아이들도 제 몫을 한다. 착하고 성실한 가족이 현실의 어려움에 굴하지 않고 열심히 살아서 어느 정도 안정된 삶에 이른다는 단순한 이야기가 짜임새 있게 전개된다. 그러나 작가는 단 하나의 이미지를 독자에게 제공하면서 이 작품의 의미를 모호하고 깊게 만들어 놓는다. 이미지 하나가 주제를 만들어 내는 그런 경우이다. 그 이미지는 영순 어미가 "몰래 참외를 어기적어기적 껍질째 먹는 모습"이다. 주인집 남자에게 포착된 그 모습은 두 번 나오는데, 느낌이 묘하다. 슬프기도 하고 추하기도 하고 악착스럽기도 하고 애처롭기도 하다. 작가는 이 장면을 통해서 착하고 성실한 삶의 이면에 있는 불편한 인간적 진실을 드러내고자 한 것일까? 정확하게는 알 수 없지만 어쨌든 이 작품은, 삶의 표면 뒤를 살며시 들추어 보여 주는 솜씨가 돋보이는, 여운이 오래 남는 작품이다.

「이별이 있는 풍경」은 「참외」보다 더 깊은 여운을 약속하는 작품이다. 김동리의 작품으로서는 예외적이리만큼 서사가 약하다. 별 사건이 없이 두 가족이 할아버지를 모시고 유원지에서 저녁 식사를 하는 것이 소설의 내용이다. 수영장이 있는 유원지에 이모네 가족들은 먼저 와서 자리를 잡고 있다. 영희네 가족은 더위가 좀 누그러지는 저녁 무렵에 와서 합류한다. 영희 어머니와 이모는 집에서 정성스레 준비해 온 음식으로 할아버지 저녁상을 차린다. 할아버지는 아름다운 황혼을 배경으로 아주 느리게 식사를 하시고, 어머니와 이모는 이상스레 안절부절못한다. 그리고 그해 가을 할아버지는 돌아가신다. 어린아이의 눈에 비친, 그 의미를 알 수 없는 죽음이 낯설고 아름답게 그려진 작품이다. 합리적 의미의 바깥에 있는 존재의 신비와 아름다움과 미지를 아주 절묘하게 드러낸다. 작품의 균형감과 초점 그리고 앵글이 매우 세련된 수작이라고 하겠다.

5 시대의 소묘와 시대를 넘어선 호소력 — 이태준의 단편

순서대로 하자면 김유정과 김동리보다 이태준을 먼저 언급해야 했다. 이태준은 김유정과 김동리보다 나이도 많고 문필 활동도 먼저 했다. 그럼에도 이태준을 마지막에 언급하는 까닭이 있다. 그것은 이 글에서 다룬 네 작가 가운데서 이태준이 가장 현재성이 강한 작가라고 판단되기 때문이다. 네 작가의 단편 소설을 새로이 일독하면서, 온전히 독자로서 감상에 몰입할 수 있었던 작품은 주로 이태준의 소설이었다. 다른 작가들의 경우 특별한 필요가 아니라면 다시 찾아 읽을 만한 매력이 느껴지지 않은 작품도 다수였다. 그러나 이태준 소설들은 목적과 필요에 의한 독서가 아니더라도 읽을 만한 것이 많아서, 오늘의 일반 독자들에게 충분히 향유될 만한 매력과 의미가 있다고 생각된다.

이태준의 소설은 크게 두 갈래로 나누어 볼 수 있는바, 삶의 고달픔을 시대 현실 속에서 그려 내는 작품들이 있고 또 품위와 섬세함을 가지고 사람과 삶의 이러저러한 기미를 잘 드러내는 작품들이 있다. 전자에 해당되는 작품으로는 「실낙원 이야기」, 「꽃나무는 심어 놓고」, 「봄」, 「어떤 날 새벽」, 「패강랭」 등등이고, 후자는 다시 「영월 영감」, 「불우 선생」, 「복덕방」 등 잘난 사람이 바보가 된 경우와 「달밤」, 「색시」, 「손거부」 등 처음부터 좀 못난이인 경우로 다시 나눌 수 있다. 이태준의 소설은, 어느 경우나 세련되고 정제된 문체가 큰 역할을 하고 있으며 또 시대를 넘어서는 보편성을 어느 정도 이상 지니고 있다고 하겠다.

　이태준 소설에 대한 많은 평가들이 시대와 역사의 외면을 지적하면서 순수 문학이라는 이름을 거론하고 있다. 또 이에 대한 반론으로 이태준의 소설이 식민지 현실을 비판하고 있다는 지적도 최근에는 많다. 그러나 순수냐 현실 비판이냐 하는 이분법으로 문학 작품을 대하는 태도는 문학 연구의 한 태도는 될 수 있을지 모르겠으나 문학 감상의 태도는 아니라고 생각된다. 일반 독자로서의 우리가 19세기 러시아 현실을 알기 위해서 톨스토이나 도스토옙스키의 작품을 읽는 것은 아닐 것이다. 그보다는 인간과 삶에 대한 보편적 이해를 위해 그들의 작품을 읽는다. 마찬가지로 일반 독자로서의 우리가 이태준의 소설을 읽는다는 것은 그 시대의 현실을 공부하는 것이라기보다는 그의 소설이 지닌 보편성을 만나는 것이라고 할 수 있다. 문학 작품에서는 그 당대에만 있었던 현실이 중요한 것이 아니라 어느 시대에나 있을 법한 삶의 모습이 더욱 중요하다고 강조하고 싶다.

　　　　　　　　　　　　　　　　　　단편 소설의 현재성

작품을 예로 들어 보자. 이태준의 단편 중 간단한 소품이지만 만만치 않은 「봄」이라는 작품이 있다. 아내 잃고 딸과 함께 고달픈 삶을 사는 '박'이라는 사람이 오랜만에 귀한 휴일을 얻어 봄날 하루를 보내는 이야기다. 화창한 봄날이지만 그가 할 수 있는 일은 아무것도 없다. 어쩌다가 남산으로 나가 보지만 상춘 인파 속에서 그는 더욱 비참해진다. 마지막에는 꽃 한 송이 꺾은 일로 도적으로 몰려 큰 낭패를 당하기까지 한다. 「꽃나무는 심어 놓고」라는 작품도 함께 보자. 이 작품은 착실한 농부인 방 서방이 소작하던 농지를 일본 회사가 사 가면서 빚이 늘어 결국 고향을 등지고 도회로 나와 거지가 되고 마침내는 아내와 딸까지 잃어버리고 만다는 이야기다. 군청에서 준 꽃나무 묘목을 잘 심어서 고향에는 꽃이 피었지만 방 서방의 비참한 삶과 오히려 대비될 뿐이다. 두 작품 모두 주인공의 비참한 지경을 실감 나게 그려 낸다. 그러면서 그것을 화창한 봄이나 꽃과 대비시키고 아이러니의 효과를 만들어 낸다.

독자들은 이러한 「봄」이나 「꽃나무는 심어 놓고」를 읽으면서 식민지 시대의 하층민들이 얼마나 비참한 삶을 살았는가를 실감할 수 있다. 그러나 그것이 독서의 주된 목적이 되는 것은 아니다. 이 두 작품이 오늘날의 독자에게도 흥미로운 점이 있다면 그것은 화창한 날과 쉬는 날이 오히려 더 괴로울 수 있다는 보편적 삶의 일면 때문이며 또한 꽃 심어 놓은 고향에서 오히려 쫓겨나고 남편을 위한 아내의 선한 행동이 더욱 큰 불행을 초래할 수 있다는 보편적 삶의 일면 때문일 것이다. 물론 묘사와 같은 작품의 작은 부분들에서 작용하는 보편성도 있다. 이처럼 이태준의 소설들은 시대를 정직하게 다루면서도 보편성을 착실하게 확보해 두고 있는 경우가 많다. 보편성의 확보는 시대를 넘어서서 현재성의 확보로 이어진다.

「실낙원 이야기」와 「어떤 날 새벽」은 짝이 되는 작품이다. 선생으로서 사명감과 열정을 지닌 젊은 교사가 현실의 가혹한 벽에 부딪혀 학교에서 쫓겨나고 마침내는 도둑이 되기까지 한다는 이야기다. 또 「토끼 이야기」와 「패강랭」도 짝이 된다. 《문장》이 폐간되고 시국이 나날이 암울해지는 상황을 자전적 이야기로 풀어낸 수작이다. 특히 「토끼 이야기」는 암울한 시대가 가난과 시련만 주는 것이 아니라 마음의 황폐까지 강요한다는 전언을 깊고 차분하게 설득한다. 이들은 모두 시대 현실의 고발이라는 점에서도 정직하고 의미 있는 작품들이다. 그러면서 동시에 가혹한 현실이 사람들의 선한 의지나 품위 있는 견딤을 어떤 식으로 파괴하는가에 대한 보편적 사례를 제공한다.

다음으로 「영월 영감」, 「불우 선생」, 「색시」, 「달밤」, 「손거부」, 「아담의 후예」 등등은 흥미로운 인간 탐구를 보여 주는데, 작가 이태준의 솜씨와 성향이 특히 잘 드러나는 작품이라고 많은 평자들이 이야기한다. 소설을 인간에 대한 탐구라고 한다면, 이 작품들은 간략하고 부분적인 채로 그 모범적인 답이 될 만하다. 물론 이 작품들에서도 시대의 암울은 중요하게 드러나고 있지만, 그러나 초점은 시대의 탐구가 아니라 인간의 탐구에 있음이 분명해 보인다. 그리고 그 때문에, 세간의 일부 부정적 평가와는 달리, 이 작품들의 의의와 현재성이 더 높다고 하겠다. 그리고 별다른 해설이 필요 없는, 읽는 것이 곧 이해가 되는, 바람직한 문학의 모습을 보여 주는 작품들이기도 하다.

이어서 「철로」, 「무연」, 「사냥」에 대해서도 잠깐 언급하고자 한

단편 소설의 현재성

다. 이 세 작품은 이태준의 소설 가운데서 특별히 뛰어난 작품도 아니고 특별히 잘 알려진 작품도 아니다. 필자가 개인적으로 좋아하는 작품들인데, 소재를 멋지게 다루고 있다. 「철로」는 어촌 마을에 새로 생긴 철도 간이역이 소재이고, 「무연」은 낚시, 「사냥」은 사냥이 소재다.

「철로」는 다소 낭만적인 작품이며, 보기에 따라서는 대중성도 조금 있다. 그러나 문체와 분위기가 멋진 작품이다. 어촌 시골 사람들의 간이역과 기차에 대한 낭만적 태도가 잘 묘사되고 있으며, 이 낭만성은 어촌 총각과 도회 아가씨의 만남으로 연결된다. 어촌 총각 철수는 여름철 별장에 놀러 온 도회 아가씨를 만나고 낭만적 열정에 빠진다. 아가씨가 물을 것을 대비해서 동해 북부선 간이역 이름 스물다섯 개를 모두 외우기도 한다. 그러나 기차는 도회 아가씨와 그녀의 남자 친구를 태우고 야속하게 떠나 버리고 만다. 철수가 울먹이며 외워 두었던 간이역 이름을 "패천 다음엔, 흡곡, 자동, 상음, 오게, 안변" 하고 나열하는 마지막 장면은 아주 시적이며 인상적이다.

「무연」은 낚시에 대한 흥미로운 정보를 많이 준다. 낚시 도구, 방식, 취향, 시속 등이 잘 묘사되어 그 자체로 흥미롭다. 그러면서 낚시 이야기에 그치지 않고, 세상이 천박하고 비인간적으로 변하는 것에 대한 안타까움을 잘 표현하고 있다. 「사냥」도 비슷하다. 일차적으로는 과거 산골 마을의 사냥 모습이 흥미롭게 묘사된다. 거기에 죽이고 죽는 사냥에 버금가는 인간사의 냉정함으로 소설적 의미를 마련해 두고 있다.

마지막으로 살펴볼 이태준의 소설은 「돌다리」라는 작품이다. 작가도 표제작으로 삼을 만큼 애착을 가진 작품인 것 같다. 창섭은 누이의 죽음에 한이 맺혀 장안에서도 유명한 맹장염 전문 의사가 되었다. 그는 고향의 전답을 팔아 병원을 확장하고 부모님도 서울로 모실 계획을 가지고 고향 부모님 댁을 방문한다. 그러나 아버지는 준엄한 논리로 반대한다. 아버지의 말 속에 작가 이태준의 자세와 가치관 그리고 문체까지 비교적 잘 드러나는 듯해 인용하고자 한다. 우선 창섭이 아버지가 돌다리 고치느라 애쓰는 것을 보고 나무다리가 있는데 돌다리는 고쳐 무엇하냐고 물으니 아버지는 다음과 같이 답한다.

너도 그런 소릴 하는구나. 나무가 돌만 하다든? 넌 그 다리서 고기 잡던 생각두 안 나니? 서울루 공부 갈 때 그 다리 건너서 떠나던 생각 안 나니? 시쳇 사람들은 모두 인정이란 게 사람헌테만 쓰는 건 줄 알드라. 내 할아버님 산소에 상돌을 그 다리루 건네다 모셨구, 내가 천잘 끼고 그 다리루 글 읽으러 댕겼다. 네 어미두 그 다리루 가말 타구 내 집에 왔어. 나 죽건 그 다리루 건네다 묻어라……

그리고 이어서 전답을 팔 수 없다고 다음과 같이 말한다.

천금이 쏟아진대두 난 땅은 못 팔겠다. 내 아버지께서 손수 이룩허시는 걸 내 눈으로 본 밭이구, 내 할아버님께서 손수 핏땀을 흘려 모신 돈으루 작만하신 논들이야. 돈 있다구 어디가 느르지논 같은 게 있구, 도시장밭 같은 걸 사? 느르지논둑에 선 느티나문 할아버님께서 심으신 거구 저 사랑마당에 은행나무는 아버님께서 심으신 거다. 그 나무 밑에를 설 때마다 난 그 어룬들 동상(銅像)이나 다름없이 경건한 마음이 솟아 우러러보군 한다. 땅이란 걸 어떻게 일시 이해를 따져 사구 팔구 허느냐? 땅 없어 봐라, 집이 어딨으며 나라가 어딨는 줄 아니? 땅이란 천지 만물의 근거야. 돈 있다구 땅이 뭔지도 모르구 욕심만 내 문서쪽으로만 사 모기만 하는 사람들, 돈놀이처럼 변리만 생각허구 제 조상들과 그 땅과 어떤 인연이란 건 도시 생각지 않구 헌신짝 버리듯 하는 사람들, 다 내 눈엔 괴이한 사람들루밖엔 뵈지 않드라.[3]

아버지의 이러한 돌다리에 대한 생각과 태도 그리고 땅에 대한 생각과 태도는 곧 작가 이태준의 문학에 대한 태도로 보인다. 그리고 그것은 돌다리처럼 시대의 변덕을 넘어 튼튼하게 지켜져야 할 가치로서 오늘의 독자에게도 더욱 필요한 생각과 태도가 아닌가 한다. 이태준의 많은 작품은 우리 곁에 두고 다시 읽어도 독서의 보람이 있다. 그의 소설이 지닌 보편적인 의미와 호소력 있는 문체는 현재성을 담보한다.

이남호 고려대학교에서 한국 문학을 공부하고 동 대학원에서 박사 학위를 받았다. 1980년 《조선일보》 신춘문예 평론 부문에 당선되어 문학 평론가로 오래 활동했고, 육군사관학교를 거쳐 1987년부터 고려대학교 국어교육과 교수로 재직 중이다. 고려대학교 사범대학 학장, 한국문학번역원 이사를 역임했다. 저서 『문학의 위족』, 『녹색을 위한 문학』, 『교과서에 실린 문학 작품을 어떻게 가르칠 것인가』, 『문학에는 무엇이 필요한가』, 『윤동주 시의 이해』, 『남김의 미학』 등과 많은 편서가 있다. 현대문학상, 소천비평문학상, 유심문학상을 수상했다.

50

귓가에 선연한 시,
정련된 언어로 빚은 시

김소월과 정지용의 시 읽기

유종호 (전 연세대학교 석좌교수)

김소월(좌)과 정지용(우)

김소월(金素月, 1902~1934)

평북 구성에서 태어나 곽산에서 자랐다. 남산보통학교와 정주 오산학교를 거쳐 배재고보에 편입, 졸업했다. 오산학교 스승인 김억의 소개로 1920년 《창조》에 시를 발표하며 등단했고, 배재고보 시절 《개벽》에 활발히 작품을 발표했다. 1925년 생전 유일하게 상재한 시집 『진달래꽃』은 전통적인 한과 애수의 정서를 민요조 가락에 담은 향토적인 서정시로 소월을 민족 시인의 반열에 올려놓았다. 후기에는 민족주의적, 저항적 색채가 담긴 시 세계를 보였다. 대표작에 「엄마야 누나야」, 「진달래꽃」, 「초혼」, 「산유화」, 「바라건대는 우리에게 우리의 보습대일 땅이 있었다면」 등이 있다.

정지용(鄭芝溶, 1902~1950)

충북 옥천에서 태어났다. 휘문고보 재학 시절부터 동인지를 발간하고 소설 「삼인」을 발표하는 등 문재를 보였다. 일본 도시샤 대학 유학 시절에 대표작 「향수」를 발표했다. 졸업 후 휘문고보에서 영어과 교사로 일했고, 1930년 '시문학' 동인으로 본격적인 문단 활동을 시작했다. 1933년 이태준, 김기림, 박태원 등과 '구인회'를 결성해 순수 문학을 옹호했으며 《문장》의 편집위원으로서 박두진, 박목월, 조지훈 등 역량 있는 시인들을 발굴했다. 1950년 납북된 후 작품 출간과 논의가 금기시되었다가 1988년 해금되었다. 『정지용 시집』(1935), 『백록담』(1941), 『지용 시선』(1948)을 통해 향토적이면서도 감각적이고 정제된 언어로 한국 현대 시의 새로운 지평을 열었다.

방금 말했듯이 좋아하는 영어 시인이 있습니다. 그러나 나
는 러시아 시인들을 더 좋아합니다. 러시아어가 나의 제1언
어이기 때문입니다. 나는 시가 어린 시절에 썼던 언어 속에
있다고 생각합니다. 열 살 이전에 썼던 언어야말로 시에 가
장 근접한 것입니다.

— 아이제이아 벌린[1]

1 동갑내기 시인

두 시인의 연보를 따르면 김소월과 정지용은 1902년생으로 동갑
이다. 많은 사람들이 의외라고 느낄 것이다. 적어도 시를 통해서 알게
되는 김소월과 정지용은 동년배라고 하기에는 너무나 큰 세대 차를
보여 준다. 과장을 마다 않는 사람이라면 19세기와 20세기의 차이를
느끼게 된다고 할 수도 있을 것이다. 모든 사람이 같은 시대를 똑같은
행보로 살아가는 것은 아니다. 말굽 소리도 씩씩하게 앞서 달려가는
선구자도 있고 터벅터벅 뒤처져 가는 지각생도 있다. 동갑일 뿐 아니
라 같은 나이로 죽어 간 마르크스와 투르게네프(1818~1883)의 경우를
생각해 보라. 한 독일인은 세계 변혁을 외치며 혈기 왕성하게 새 세계
를 열어 갔고 한 러시아인은 급진 사상에 끌리면서도 뒷걸음질 치기
를 계속하여 후세 사람들에게 정치적 회의론의 일면적 유용성을 보
여 주었다. 두 사람의 차이는 조금은 더 앞선 사회와 뒤진 사회의 차
이에서만 나오는 것은 아니다. 그것은 공적 윤리 의식의 차이에서만

오는 것도 아니다. 사회적 총화로서의 인간의 개성 차이에서 오는 것이라고 할 수밖에 없다. 같은 시대의 동시대인이 다른 시대인인 것처럼 느껴지는 것은 작품 세계의 차이가 빚어내는 이유 있는 착시 현상일 것이다. 김소월과 정지용을 함께 얘기하는 것은 그러한 착시의 연원을 분명하게 밝히는 것이 될지도 모른다.

김소월 생전의 유일 시집 『진달래꽃』이 간행된 것은 스물네 살 되던 1925년의 일이다. 127편의 작품이 수록되어 있고 백순재, 하동호 엮음 『결정판 소월 전집: 못 잊을 그 사람』에는 시집 미수록 시편과 시집 상자 이후 발표한 작품 74편이 추가돼 도합 201편이 수록되어 있다. 당대의 일반적 생산량과 견줄 때 방대한 분량이라 하지 않을 수 없다. 20세기의 우리 자유시가 출발한 직후의 일이어서 시인으로서의 방법적 자각이 투철하지 못했다는 사정의 반영이겠지만 201편의 시편들은 구슬과 자갈이 한데 뒤섞여 있어 개개 작품의 작품적 성취는 높낮이가 고르지 못하다. 스물여섯이 넘어서도 시인이고자 하는 이는 전통을 의식하는 역사 감각을 가져야 한다고 말한 외국 시인의 생각을 따르면 소월은 스물여섯 이후에도 시인이고자 하는 뚜렷한 지향을 갖고 있던 시인은 아닌 것으로 생각된다.

정지용의 첫 시집 『정지용 시집』이 간행된 것은 서른네 살 되던 1935년의 일이다. 89편이 수록되어 있고 태반이 1920년대에 발표된 것이다. 제2시집 『백록담』은 1941년에 간행되었고 시 25편과 산문 8편이 수록되어 있다. 산문 수록은 아마도 책 한 권의 분량으로는 시 25편이 너무 빈약했기 때문이라 추정된다. 한글 신문이나 잡지가 없어진 시기여서 제2시집 상자 이후 사실상 절필 상태에 있었고 해방 이후 몇 편의 작품을 보여 주었으나 자기 희화적인 작품이 대부분이다. 시인이 시집에 넣지 않아 사실상 버린 자식인 셈인 몇 편을 뺀다면 정지용 시편은 120편 정도가 된다. 『백록담』을 상자했을 당시 정지용은 우리 나이로 갓 마흔이었고 이때부터 사실상 시인이기를 그쳤다 할 수 있다. 서른세 살 때까지 200편의 시를 쓴 김소월과 마흔 살까지 120편을 쓴 지용을 대비할 때 소월은 다작을 한 셈이다. 이에 반해서 정지용은 과작이었고 작품 성취도의 됨됨이는 상대적으로 고른 편이다. 그러니까 정지용은 스물여섯 살 이후에도 시인이고자 했고 그만큼 방법적 자각을 가지고 있었고 그런 의미에서 전문적 직업적 시인이라 할 수 있다.

20세기 전반기 한국의 대표적 시인이었던 두 사람은 모두 불행하게 세상을 떴다. 1934년 소월이 세상을 떴을 때 단순 병사인 양 알려졌으나 해방 이후 시인 오장환이 소월 자살설을 제기한 이후 대체로 수용되어 현재는 정설로 굳어졌다. 개인사적 기록 이상으로 작품은 시인의 신상에 대해서도 많은 것을 밝혀 준다. 『진달래꽃』 상자 이후의 작품에 「돈타령」이란 것이 있다.

1
요 닷돈을 누를 줄고? 요 마음.
닷돈 가지고 갑사댕기 못 끊겠네
은가락지는 못 사겠네 아하!
마코를 열 개 사다가 불을 옇자 요 마음.

귓가에 선연한 시, 정련된 언어로 빚은 시

2

되려니 하니 생각.

만주(滿洲)갈가? 광산(鑛山)엘 갈가?

되겠나 안 되겠나 어제도 오늘도

이러 저러하면 이리저리 되려니 하는 생각.

자조적(自嘲的) 가락임을 감안하더라도 여유도 기품도 없어 상당히 절박한 상황에서 쓰인 것임을 짐작게 한다. 만주로 갈까, 광산으로 갈까, 하는 생각은 당시 교육받지 못한 빈민층이나 하던 생각이었을 것이다. 시인의 재정적 곤경이나 궁핍 이상으로 시인 말년의 소작으로서 너무나 격이 떨어져 있음에 처연한 생각마저 든다. 20년 이후 후배 시인 김광균이 그의 돈타령이라 할 수 있는 시편에 적고 있는 것과 대조가 된다. 소월에게선 "먹고 산다는 것"에 쫓기는 지경을 넘어서 막다른 골목에 이르렀다는 사정이 엿보인다.

시를 믿고 어떻게 살아가나

서른 먹은 사내가 하나 잠을 못 잔다.

먼 기적소리 처마를 스쳐가고

잠들은 아내와 어린 것의 벼개 맡에

밤눈이 내려 쌓이나 보다.

무수한 손에 뺨을 얻어맞으며

항시 곤두박질해온 생활의 노래

지나는 돌팔매에도 이제는 피곤하다.

먹고 산다는 것,

너는 언제까지 나를 쫓아오느냐.

—「노신(魯迅)」부분

정지용은 김소월과 달리 정치와 전쟁의 와중에서 최후를 맞는다. 해방 후 그는 친구 따라 강남 가는 형국으로 문학 성향이 맞지 않는 문학가동맹에 가담하고 이어서 1948년 정부 수립 이후 보도연맹에 가담하여 자기 자신도 번민과 자괴감이 적지 않았으리라 생각된다. 6·25 직전인 1950년 2월에 발표한 만년 작품은 그러한 맥락에서 전기적 자료로서의 가치를 부가적으로 가지고 있다.

방한모(防寒帽) 밑 외투(外套) 안에서

나는 사십년 전 처량한 아이가 되어

내 열 살보담

어른인

열여섯 살 난 딸 옆에 섰다.

열길 솟대가 기집아이 발바닥 우에 돈다

솟대 꼭두에 사내 어린 아이가 가꾸로 섰다

가꾸로 선 아이 발 우에 접시가 돈다.

솟대가 주춤 한다

접시가 뛴다 아슬 아슬

귓가에 선연한 시, 정련된 언어로 빚은 시

클라리오넷이 울고

북이 울고

가죽 잠바 입은 단장(團長)이

이욧! 이욧! 격려(激勵)한다

방한모 밑 외투 안에서

위태(危殆) 천만(千萬) 나의 마흔아홉 해가

접시 따라 돈다 나는 박수(拍手)한다.

—「곡마단」부분

열여섯 살 난 딸과 함께 곡마단 구경한 것을 다루고 있다. 우리
나이로 49세 때 일이니 1902년생 시인의 실제 나이와 정확하게 일치
한다. 곡마단의 곡예가 사실적으로 그려져 있지만 마지막 3행은 자신
의 삶이 아슬아슬한 곡예라는 자의식을 담고 있다. 그가 이 작품을 쓰
고 발표한 것도 마지막 대목을 위해서였고 그것은 일종의 참회록이
라고 추정할 수 있다. 희화화된 자화상을 보여 준 후 몇 달 뒤에 6·25
가 터지고 그는 북으로 가게 된다. 북으로 간 그가 평양 감옥에 이광
수, 국회의원 김상덕(金尙德), 야담가 신정언(申鼎言) 등과 함께 수용
되어 있었다는 것을 뒷날 국회의원을 지낸 계광순(桂珖淳)이 그의 회
상록에 기록하고 있고 그것은 김학동 교수의 『정지용 연구』에 인용되
어 있다.[2] 그럼에도 뒤늦게 21세기가 되어서 북의 변두리 매체가 지
용 폭사설을 보도하고 방북한 어느 시인에게 현장 목격자라는 인사

가 폭사 사실을 들려주었다. 그 시인이 돌아와서 전하는 바람에 그것이 사실인 양 전파되고 있다. 폭사설에 따르면 1950년 9월 하순 이북으로 후퇴할 당시 동두천 소요산 근처에서 미군기의 폭격을 만나 그가 폭사했다는 것이다. 당시 현장을 목격하고 시신을 매장하기까지 했다는 석인해란 이가 시인에게 직접 들려주었다고 한다. 그러나 뒤늦게 미군 폭격에 의한 폭사설이 나온 배경은 엄정한 검토를 요한다. 더구나 계광순이 평양 감옥에서 보았다는 10여 명의 인사는 성명이 구체적으로 나와 있어 신빙성이 높다. 그러니 그는 1950년 겨울 이광수가 사망했을 당시에 비슷한 상황에서 비슷한 최후를 만났다고 보는 것이 온당할 것이다.

여기서 생각나는 것은 20세기에 중요한 업적을 남긴 미당이다. 그는 86세로 천수를 다하고 900편에 이르는 걸출한 시편을 남겼으니 시인으로서는 행복했다고 할 수 있다. 소월이나 지용과 달리 천수를 누릴 수 있었다는 것은 적은 행운이 아니다. 시적 야망의 지속적 연마를 가능케 했던 8·15 해방을 서른 초입에 맞았다는 개인사적 사실, 시인으로서의 원숙기가 이 나라의 경제 성장기와 겹친다는 사실도 개인적 행운의 덤이 되어 주었다고 할 수 있다. 미당의 상대적 행운을 말하는 것은 그것이 식민지 시인으로 종신했던 김소월, 태평양 전쟁 발발 당년에 나온 제2시집 이후 사실상 절필하고 만 정지용의 불운을 부각시켜 주기 때문이다. 가령 시 고료란 개념이 정립되지 않았던 시절에 신문이나 잡지에 시를 발표한 소월과 시집 판매량이 인세로 연결되고 상대적으로 독자가 많았던 시기의 미당 사이에는 비빌 언덕이 있고 없고의 큰 차이가 있다는 것을 상기하기 위해서다. 빈약한 물질적 토대는 문학 작품의 질과 양에도 흔적을 남기게 마련이다.

2 세대 차라는 착시

동갑내기 시인의 작품이 세대 차를 느끼게 하는 것은 흔한 일은
아니다. 소월은 서울에서 중학을 다닌 후 서북의 변방에 살면서 민요
조의 작품을 많이 썼다. 지용은 일본 유학에서 돌아온 후 서울에 살면
서 모더니스트 시인이라는 공인된 세평을 얻었다. 두 시인의 동요나
동시 흐름의 작품을 읽어 보면 그 차이는 단박에 드러난다.

엄마야 누나야 강변 살자
뜰에는 반짝이는 금모래 빛
뒷문 밖에는 갈잎의 노래
엄마야 누나야 강변 살자

— 김소월, 「엄마야 누나야」

말아, 다락같은 말아,
너는 즘잔도 하다마는
너는 웨 그리 슬퍼 뵈니?
말아, 사람편인 말아,
검정 콩 푸렁 콩을 주마.

*

이 말은 누가 난 줄도 모르고

밤이면 먼 데 달을 보며 잔다.

— 정지용, 「말」

「엄마야 누나야」는 소월 시편 가운데서도 가장 널리 알려지고 노래로도 불리는 작품이다. 동요라는 느낌을 주지만 사실 동요와 시 사이에 명확한 경계가 있는 것은 아니다. 가령 윌리엄 블레이크의 『순수의 노래』도 그러한 사례의 하나일 것이다. 좋은 동요나 아동 문학은 성인에게도 호소한다. 엄마라는 말은 우리말 가운데서도 가장 친근하고 호소력 있는 말이다. 누나도 비슷하여 엄마의 축소판이 되어 있다. 이 두 단어를 연달아 배열함으로써 작품은 특유의 정겨운 호소력을 발휘한다. 발음과 발성이 그대로 시로 근접해 간다.(이기문 교수의 말을 따르면 '누나'는 평북 방언에서 '뉘'로서 그 지방에선 쓰지 않는 말이라 한다.[3] 이 시의 압도적인 매력과 호소력은 첫 줄에서 나오고 마지막 줄에서 반복됨으로써 더욱 고조된다. 엄밀하게 말해서 강변은 홍수의 위험도 있고 살기 좋은 곳은 아니다. 그러나 금모래가 반짝이고 뒤꼍에서 갈잎이 노래하는 강변은 그대로 놀이터로 동심에 비친다. 삶이 놀이가 되는 철부지 소망을 그대로 조르고 있으니 호소력을 발휘한다. 발상이나 가락이 민요 가락이라 느껴진다. 쉽게 외워진다. 니체는 리듬은 "하나의 강제"[4]라고 말한 바 있지만 음률성은 중요한 시적 자산이 된다. 구비적 전통에 대한 청각적 충실에서 김소월은 음률성을 확보한다.)

지용의 「말」도 화자가 어린이로 되어 있는 동시이다. 몸집과 키가 큰 말을 향해 "다락같은 말"이라고 하는 것은 자연스럽다. 전래 한옥에서는 안방 아랫목에 다락문이 있어 오르내렸다. 말이 슬퍼 보이는 것은 '감정의 오류(pathetic fallacy)' 탓이겠지만 화자는 슬픔을 아는 어린이다. "검정 콩 푸렁 콩을 주마"의 콩은 말의 보양 식품이다. 콩을 많이 먹이면 말이 기운을 얻어 성질이 세차고 사나워진다. 사라져 가는 토박이말의 하나인 '콩기'라는 말은 그것을 가리킨다. 전통 한옥 구조에서의 다락이나 말의 보양 식품으로서의 콩에 대한 정보는 이 작품이 지닌 자연스러움을 감득하는 데 필요하지만 그것을 모른다고 해서 이해가 어려운 것은 아니다. 짐승 가운데서도 소, 말, 개 등은 사람과 가깝게 지내니 "사람편인" 셈이다. 이 동시는 마지막 두 줄에서 어떤 인지의 충격을 주게 된다. 우리가 무심코 기르는 강아지나 송아지가 사실은 이산가족으로 살고 있음을 충격적으로 감득하게 한다. 그것은 모든 목숨 있는 것에 대한 연민과 측은의 정을 촉발한다. 김소월 소품이 옛 가락에 의탁해서 동심을 드러내는 데 반해 정지용 소품은 자연스럽게 인지의 충격을 안겨 준다. 모든 것이 개성적이고 독자적이고 그런 맥락에서 새로운 발상이다. 이러한 차이가 두 시인 사이에서 세대 차를 느끼게 하고 그것은 많은 작품에서 그대로 발견된다.

3   김소월 — 청각적 상상력

동서고금의 서정시는 표현상의 차이는 있으나 인간의 기본적이고 본원적인 정감이나 내면 경험을 소재로 한다. 가령 사랑의 기쁨이나 아픔, 삶의 짧음과 무상감, 계절의 변화에 대한 정서적 반응, 고독과 생이별과 사별의 설움은 서정시의 영원한 소재가 된다. 서정시가 즐겨 다루는 이러한 기본적 소재의 음률적인 처리로 독자에게 호소하는 것이 소월 시의 특징이다.

봄 가을 없이 날마다 돋는 달도
"예전엔 미처 몰랐어요."

이렇게 사뭇차게 그리울 줄도
"예전엔 미처 몰랐어요."

달이 암만 밝아도 쳐다볼 줄을
"예전엔 미처 몰랐어요."

이제금 저 달이 설움인 줄은
"예전엔 미처 몰랐어요."

──「예전엔 미처 몰랐어요」 전문

사랑의 경험이 달과 자연을 재발견하게 한다는 것은 문학상으로는 해묵은 모티프이다. 중요한 것은 그것을 실감 있게 구체적으로 또 매우 음률적으로 처리했다는 점이다. 이 작품의 표제는 이제 우리의 일상 관용구로 굳어졌다. '다시금'이란 말은 있어도 '이제금'이란 말은 없었다. 창의적으로 써서 새로운 정감을 강조한다. '사무치게'도 '사뭇차게'로 해서 강조하고 있다. 「해가 산마루에 저물어도」, 「먼 후

일」, 「못 잊어」, 「자나 깨나 앉으나 서나」 등 일련의 사랑 시는 그 후 「초혼」에서 절창의 경지에 이른다.

산산이 부서진 이름이어!
허공중에 헤어진 이름이어!
불러도 주인 없는 이름이어!
부르다가 내가 죽을 이름이어!

심중에 남아있는 말 한마디는
끝끝내 마자 하지 못하였구나.
사랑하던 그 사람이여!
사랑하던 그 사람이여!

—「초혼」 부분

「초혼」에서 사랑하던 임은 이제 이승 사람이 아니다. 불러도 없는 사람이며 부르다가 죽을 이름이다. 죽어 간 임이 살아 있을 때도 두 사람 사이에 사랑의 완성은 없었다. "심중에 남아있는 말 한 마디는/ 끝끝내 마자 하지 못하였"으니까 말이다. 그럼에도 (혹은 바로 그러하기 때문에) 임의 이름을 평생을 두고 죽을 때까지 부르겠다고 한다. 연애가 수입된 지 얼마 안 되는 시기에 "사랑하던 그 사람이여!"를 터놓고 연발할 수 있었다는 것은 시인의 젊음과 함께 낭만적 사랑에의 동경과 집착을 드러내 준다. 조선조 유학의 전제(專制) 아래서 이성 간의 사랑은 금기 사항이었다. 황진이의 시조 같은 수작이 있었음에도 이성 간의 사랑을 다룬 시문은 남녀상열지사(男女相悅之詞)로 폄하되었다. 1919년 전후의 시기에 자유연애와 낭만적 사랑관이 수입되었다고 생각할 때 소월의 문화사적 의미는 그가 이성 간 사랑의 이념을 정서적으로 완전히 합법화했다는 점에 있다. 자나 깨나 앉으나 서나 한 이성을 그리워하는 것이 아주 떳떳한 일임을 정서적으로 합법화했다는 것은 성적 터부가 많았던 전환기의 사회에서 획기적인 일이었다.

소월 시에 가장 빈번히 등장하는 말은 임과 집과 길이다. 임은 대체로 사별이든 생이별이든 헤어진 임, 잃어버린 임, 없음으로써 부재 저편에 간절히 드러나는데 이 임 없음과 함께 되풀이되는 모티프는 집 없음과 길 없음이다. 이 점에서 집 떠나는 사람의 회포를 노래한 「가는 길」은 하나의 단서가 되어 준다. 집이나 고향을 노래하는 작품에서 화자는 집이 없거나 있더라도 집을 떠나 있다. 그리고 집으로 가는 길은 막혀 있다.

여보소 공중에
저 기러기
열십자 복판에 내가 섰소.

갈래갈래 갈린 길
길이라도
내게 바이 갈 길은 하나 없소.

―「길」 부분

내 고향을 가고지고

삼수갑산 날 가둡네.

불귀(不歸)로다 내 몸이야

아하 삼수갑산 못 벗어난다.

—「차안서선생 삼수갑산」 부분

「산」, 「무심」, 「집생각」, 「제비」, 「우리 집」, 「바라건대는 우리에게
우리의 보습대일 땅이 있었다면」 등이 모두 직간접으로 집 없음과 길
없음을 노래한 것이다. 집 없음과 길 없음의 모티프가 가장 조화롭게
구현된 것이 대표작의 하나라 할 수 있는 「삭주구성(朔州龜城)」이다.

물로 사흘 배 사흘

먼 삼천리

더더구나 걸어 넘는 먼 삼천리

삭주구성은 산을 넘은 육천리요

물 맞아 함빡히 젖은 제비도

가다가 비에 걸려 오노랍니다

저녁에는 높은 산

밤에 높은 산

삭주구성은 산 너머

먼 육천리

가끔가끔 꿈에는 사오천리

가다오다 돌아오는 길이겠지요

서로 떠난 몸이 길래 몸이 그리워

임을 둔 곳이 길래 곳이 그리워

못 보았소 새들도 집이 그리워

남북으로 오며가며 아니 합디까

들 끝에 날아가는 나는 구름은

밤쯤은 어디 바로 가 있을 텐고

삭주구성은 산 너머

먼 육천리

여기서의 삼천리나 육천리는 정확한 측정 거리는 아닐 것이다.
원거리를 그렇게 주먹구구로 말한 것이리라. 배로 사흘 걸리는 삼천
리에 걸어 넘는 삼천리가 있으니 합해서 육천리가 되는 셈이다. 제비
도 비에 걸려 돌아오는 곳이다. 꿈속에서는 사오천리로 줄어드는 일
도 있으나 역시 거기에 이르지 못한다. "못 보았소"는 의문문으로 읽
으면 분명해진다. 마지막 연에서 "어디 바로"의 '바로'는 평북 방언으
로 '근처'를 가리키니 '어디쯤'의 뜻이 된다. 먼 육천리 밖의 지경에
있어 제비도 구름도 쉬 이르지 못하는 삭주 구성을 그리는 것인데 그
지명과 거리의 되풀이가 소월 시의 특징을 두루 보여 주고 있다.
　임 없음과 집 없음과 길 없음을 주로 노래했다고 해서 그가 사사

로운 사랑만을 노래한 시인으로 남아 있는 것은 아니다. 시집으로 읽지 않고 사화집을 통해 「산유화」, 「진달래꽃」, 「접동새」, 「금잔디」, 「산」, 「왕십리」 등의 유명 시편만을 접한 독자들은 그에게 가령 「옷과 밥과 자유」란 시편이 있다는 것이 낯설게 느껴질 것이다.

공중에 떠다니는
저기 저 새여
네 몸에는 털 있고 깃이 있지.

밭에는 밭곡식
논에는 물베
눌하게 익어서 숙으러졌네.

초산(楚山)지나 적유령(狄踰嶺)
넘어 선다.
짐 실은 저 나귀는 너 왜 넘니?

──「옷과 밥과 자유」 전문

위의 작품은 그의 작품 중에서 각별히 뛰어난 것은 아니나 평균 수준은 웃돌고 있다. 간단한 서경에 소박하나 절제된 탄식과 연민이 숨겨 있으며 직접 옷과 밥과 자유는 얘기하지 않고 있으나 그 결여를 선연히 드러낸다. 화자는 우선 공중에 떠다니는 새를 가리키면서 사람들이 헐벗고 있음을 시사한다. 이어서 잘 익은 곡식을 가리키면서 그것이 화자나 이웃들에게 그림 속의 떡에 지나지 않음을 시사한다. 나그네임이 분명한 화자는 짐 싣고 재를 넘는 나귀에게서 바로 자신의 고단한 모습을 발견한다. 초산을 지나 오랑캐령을 넘는다는 것은 만주로 간다는 함의가 있다. 헐벗고 굶주리고 자유 없는 식민지 현실을 예사로운 듯하나 단호하게 가리키고 있다. 이 작품은 표제만으로도 그의 현실 감각을 잘 드러낸다. '빵'이라 하지 않고 밥이라 한 것도 소월다운 처리이다. 옷과 밥과 자유를 빼앗긴 식민지 상황에 대한 소월의 시적 반응은 「나무리벌 노래」에서 다시 절실한 민요의 가락으로 나타난다.

신재령(新載寧) 나무리벌
물도 많고
땅 좋은 곳
만주 봉천(奉天)은 못 살 곳.

왜 왔느냐
왜 왔느냐
자곡자곡이 피땀이라
고향산천이 어디메냐

—「나무리벌 노래」 부분

소월의 가리어진 국면을 얘기하는 것은 그를 무리하게 저항 시인으로 추대하기 위해서가 아니다. 시인의 겨레에 대한 기여의 형태는 여러 가지가 있을 수 있으며 또 시인인 한에 있어서 그의 기여는 필경 말의 조직과 표상의 선택을 통해서 이루어지게 마련이다. 3·1 운동 실패 직후인 1920년대에 글을 쓴 사람치고 식민지 상황에 대한 의식을 갖지 않은 사람은 거의 없다. 이것은 문학적 노력에서 성공을 거두거나 실패한 경우를 막론하고 해당된다. 이상화의 「빼앗긴 들에도 봄은 오는가」란 표제는 말할 것도 없지만 몇몇 시집의 예를 들더라도 『흑방비곡』, 『님의 침묵』, 『조선의 마음』, 『조선의 맥박』 등이 표제에서도 그런 상황 감각을 시사하고 있다. 그런데 표제 하나만 보더라도 소월의 태도는 극히 시적이다. 그는 『조선의 마음』이나 『님의 침묵』의 관념보다는 『진달래꽃』이란 구체적 표상을 선택함으로써 자기 나름의 '조선주의'를 걸어갔다. 조국의 산천에 지천으로 피어 있어 조국의 상징이 될 수 있는 진달래꽃으로 조선주의를 밝혔다는 것은 그가 천성의 시인이었음을 말해 준다.

4   고향 상실 시대의 민족 시인

자칭 시 애호가들은 흔히 현대 시가 어렵다고 한다. 그들이 말하는 현대 시는 대체로 20세기 후반에 활약한 시인들의 작품을 가리키는 경우가 많다. 그러면 그들은 20세기 전반의 시는 제대로 수용하는 것인가? 그렇지만은 않은 것 같다. 김소월을 난해한 시인이라고 생각하는 사람은 없다. 그러나 그의 작품도 제대로 이해하는 독자들은 많지 않다. 빼어난 사행시이지만 별로 거론되는 바 없는 작품이 있다.

밤마다 밤마다
온 하룻밤!
쌓았다 헐었다
긴 만리성!

—「만리성」 전문

　이 작품의 밑그림이 되는 것은 "하룻밤을 자도 만리성을 쌓는다."
라는 속담이다. 잠깐 만나 헤어질 사람이라도 정은 깊게 맺는다는 뜻
으로 쓰이지만 시인은 창조적 변형을 가해서 이 생각 저 생각, 이것저
것 상상하고 걱정하며 잠 못 이룬다는 뜻을 일구어 내었다. 실제로 밤
에 잠 못 이루고 이 생각 저 궁리 하는 것을 "밤새 기와집 짓느라고 잠
못 잤다." 혹은 "밤새 벽돌 쌓느라고 뜬눈으로 새웠다."라고 말한다.
불면의 밤이 절묘하게 시각화된 이 작품을 거론하지 않는 것은 그 의
미를 제대로 파악하지 못하기 때문이다. 의미를 알고 나면 기막히게
아름다운 시이지만 제대로 이해하는 문과 대학생을 만나 본 적이 없
다. 이 소품이 보여 주는 사행시의 매력을 공유하고 있는 것이 「팔베
개노래」다. 지극한 정한의 노래다.

집뒷산 솔밭에
버섯 따던 동무야
어느 뉘집 가문에
시집가서 사느냐

두루두루 살펴도

금강 단발령

고갯길도 없는 몸

나는 어찌 하라우

　모더니스트 김기림은 김소월을 전혀 인정하지 않았다. 그가 시론
에서 낡은 시를 공격할 때 거명은 하지 않았지만 김소월을 대표적인
가상적으로 생각했을 공산이 크다. 오늘의 시점에서 볼 때 참신한 현
대성을 자부했던 김기림 시가 퇴색하여 울림이 약한 반면 김소월 시
는 꾸준히 독자를 모으면서 독자에게 호소한다. 김기림이 가장 높이
평가했던 『와사등』의 김광균이 만년에 소월을 노래한 두 편의 시를
써서 그에 대한 경의와 추모의 정을 표한 것은 반어적이다. 소월에
대한 평가 중에서는 김우창 교수의 "소월의 슬픔은 말하자면 자족적
인 것이다. 그것은 그 자체의 해결이 된다. 슬픔의 표현은 그대로 슬
픔으로부터의 해방이 되는 것이다."[5]란 말 속에서 지극한 정의를 얻
고 있다.
　김소월은 "옷과 밥과 자유" 없는 고향 상실의 구차한 시대에 원초
적인 그리움과 슬픔의 정서적인 합법화를 통해서 인간 회복과 민족
회복을 호소한 당대의 민족 시인이었다. 인간 삶의 본원적인 슬픔에
대해서 깊은 통찰을 보여 주진 않았으나 보편적인 슬픔의 표출을 통
해 독자들에게 공감의 위로를 안겨 주었다. 취약점이 허다하지만 그
의 시가 거부감을 주지 않고 호소력을 갖는 것은 이념의 명시적 표출
을 멀리했기 때문이다. 그것은 그가 천성적인 시인임을 말해 주는데

당대의 조선주의 시인이나 테제 문학 시인과는 좋은 대조가 된다.

5 정지용 ── 시는 언어로 빚는다

넓은 벌 동쪽 끝으로
옛이야기 지즐대는 실개천이 휘돌아 나가고
얼룩백이 황소가
해설피 금빛 게으른 울음을 우는 곳,

── 그 곳이 참하 꿈엔들 잊힐리야.

질화로에 재가 식어지면
뷔인 밭에 밤바람 소리 말을 달리고
엷은 졸음에 겨운 늙으신 아버지가
짚벼개를 돋아 고이시는 곳,

── 그 곳이 참하 꿈엔들 잊힐리야.

흙에서 자란 내 마음
파아란 하늘 빛이 그립워
함부로 쏜 화살을 찾으려
풀섶 이슬에 함추름 휘적시는 곳,

―그 곳이 참하 꿈엔들 잊힐리야.

전설(傳說)바다에 춤추는 밤물결 같은

검은 귀밑머리 날리는 어린 누이와

아무렇지도 않고 예쁠 것도 없는

사철 발벗은 안해가

따가운 햇살을 등에 지고 이삭 줍던 곳,

―그 곳이 참하 꿈엔들 잊힐리야.

하늘에는 석근 별

알수도 없는 모래성으로 발을 옮기고

서리 까마귀 우지짖고 지나가는 초라한 집웅

흐릿한 불빛에 돌아 앉어 도란도란거리는 곳,

―그 곳이 참하 꿈엔들 잊힐리야.

―「향수(鄕愁)」 전문

이 작품은 1927년 《조선지광》에 발표되었으나 실제 제작 연도는 1923년이라 한다. 시인 자신이 이 작품을 처녀작이라고 밝히고 있는데 제작 순서에 충실했다기보다 가장 애착이 가는 초기 작품이란 뜻일 것 같다. 어쨌건 『진달래꽃』이 상자되었을 무렵에 이 작품이 씌었다고 생각하면 될 것이다. 첫 작품에 작자의 가능성이 모두 들어 있다는 말이 있다. 그 말을 실증해 주고 있다.

우선 우리는 작품 속에 동원된 어휘의 풍부함, 그 적정성, 거의 발명에 가까운 독자적 구사에 놀라게 된다. 소리 내며 흐르는 개천을 "옛이야기 지즐대는 실개천"이라 함으로써 오래된 옛 마을의 정경을 떠올리게 한다. '지즐대다'는 '지절거리다'로 '낮은 소리로 지껄이다'의 뜻이다. 넓은 벌에 무슨 실개천이 있는가라고 이의 제기하는 의견도 있다. 그러나 실개천은 그냥 좁은 개천이란 뜻이다. 그것은 상대적인 개념이지 객관적으로 폭이나 넓이가 책정되어 있는 것은 아니다. 뿐만 아니라 시에서는 뜻과 함께 소리나 어조도 중요하다. 이 시는 유장(悠長)한 리듬을 가지고 있다. 그것은 옛 마을의 생활 리듬을 반영한다. 근대화되기 이전의 농촌에서 생활 템포는 상대적으로 느리고 더디었다. "옛이야기 지즐대는 실개천이 휘돌아 나가고"에서 강조 표시한 부분은 모두 유장한 리듬에 기여한다. 이러한 유장한 리듬을 가지고 있는 것만으로도 작품은 고향을 충실하게 반영한다. "얼룩백이 황소"에 대해서는 대체로 칡소를 가리킨다는 것이 해석 공동체의 다수파 의견이다. 그렇다면 "얼룩백이 칡소"라고 하지 왜 황소라고 했느냐는 의문이 제기될 수 있다. 정지용은 언어 구사에서 엄밀성과 적정성을 지향한 시인이다. 더구나 황소보다는 칡소가 생소한 편이고 생소한 어사 자체가 숭상되는 시에서 칡소를 쓰지 않았다는 것은 어디까지나 황소이기 때문일 것이다. '얼룩백이'를 얼룩말의 얼룩이 아니라 얼룩이 보이는 정도로 해석한다면 소에 보이는 하얀 부위를 가리키는 것이 온당하지 않을까 하는 것이 필자의 생각이다. 사오십 년 전엔 피부병 탓인지 대부분의 황소 몸뚱이에는 하얀 얼룩이 보였다.

최근 연변 교포 화가의 그림에서 하얀 얼룩이 보이는 황소를 보고 잃어버린 황소를 찾았다는 느낌을 받았다. '해설피'는 '해가 설핏할 무렵에'라는 뜻으로 부사적으로 씌었다. 그러한 용례는 지용의 다른 작품에서도 보인다. 「태극선(太極扇)」에는 "나도 일즉이, 점두룩 흐르는 강가에 이 아이를/ 뜻도 아니한 시름에 겨워/ 풀피리만 찢은 일 있다"란 대목이 보인다. '점두룩'은 해가 질 때까지 강가에 있었다는 뜻이 된다. '해설피'와 '점두룩'의 부사 쓰임새에는 공통점이 있고 이 시인의 창의적 용법이라 할 수 있다. "금빛 게으른 울음"은 발표 당시에는 놀라운 공감각 표현이었을 것이다. 단 넉 줄로 고향 마을의 정경을 인상적으로 떠올리는 서경의 솜씨는 놀랄 만하다. 완전히 새로운 수법이요 솜씨다. 실개천과 황소는 한국의 전형적인 농촌의 정경이다.

제2연의 질화로와 짚 베개는 다시 전형적인 농가의 방 안을 보여준다. 가부장적인 질서의 고향 집에서 방이 아버지와 함께 환기되는 것은 사실에의 충실이어서 적정하다. 질화로는 화로 중에서 가장 값싼 화로이다. 질그릇과 오지그릇이 있는데 오지그릇은 오짓물을 대어서 윤기가 나는 데 반해 질그릇은 그냥 잿빛으로 윤이 나지 않는다. 짚 베개도 가장 흔한 싸구려 베개이다. 농가의 질박한 살림살이가 떠오른다. "뷔인 밭에 밤바람 소리 말을 달리고"는 조금은 요란한 바람 소리인데 앞서의 "금빛 게으른 울음"과 함께 뛰어난 감각을 핀잔받기도 했던 시인의 면목이 잘 드러난다. 두운(頭韻) 현상도 눈여겨볼 부분이나 그게 커다란 효과를 내는 것은 아니다.

제3연은 어린 시절의 놀이 경험을 다룬다. 시골에서 흔히 뽕나무 가지로 활을 만들어 활쏘기 놀음을 했다. 또는 그보다 쉽게 구하는 싸

릿대로 엉성한 활을 만들어 놀기도 했다. 화자의 직접적 경험이 회고되는데 흙에서 자란 마음과 파란 하늘빛의 대조는 현실과 이상의 대조이기도 하다. 함부로 쏜 화살은 동경이요 꿈이요 이상이요 상승 의욕이기도 하다. 현실에서의 실제 놀이 경험은 그대로 내면 경험의 상관물이 되어 있다.

제4연은 한 시절의 아내와 누이 상을 보여 준다. "아무렇지도 않고 예쁠 것도 없는/ 사철 발벗은 안해"는 과중한 노동 시간으로 시달렸던 농촌 여성의 전형적인 모습이다. 이를 두고 아무리 가난한 집안의 아내라도 신발도 신지 않고 사는 여성이 어디 있느냐는 투의 반론이 있다. 그건 사실이다. 문전걸식하는 사람이 많았던 시절 거지도 겨울에 신발 없이 다니는 이는 없었다. 그러나 여기서의 "발벗은 안해"는 양말이나 버선을 신지 않았다는 뜻이다. '맨발로 다닌다'에는 두 가지 뜻이 있다. "전설傳說바다에 춤추는 밤물결 같은/ 검은 귀밑머리 날리는 어린 누이"라는 직유는 휘황하기가 대낮과 같은 도시의 밤을 살고 있는 현대인에게 작위적이고 과장된 것으로 비칠지 모른다. 그렇지만 전기가 들어오기 이전의 흐릿한 호롱불 불빛이나 어둠이라는 맥락을 고려할 때 그 시각적 선명성은 감탄에 값하는 것이다. '귀밑머리'를 '귀 밑에 난 머리' 정도로 이해하고 의아해하는 젊은 세대들이 많다. 귀밑머리란 앞쪽 머리를 양쪽으로 갈라땋은 뒤 귀 뒤로 넘겨 치렁치렁한 머리를 말한다.

제5연의 "석근 별"은 해방 이후에 나온 『지용시선』에는 "성근 별"로 표기되어 있다. '석근'에 대한 의문이 많았고 따라서 선집을 낼 때 고쳐 적은 것이라 추정된다. 요즘 말로 하면 '성긴'이 된다.(수록 시편의 선정 등은 후배 청록파 시인 특히 박두진이 맡았다 하나 교정 등을 보는 과정에 얘기가 오갔을 공산이 크다.) "알수도 없는 모래성으로 발을 옮기고"는 모호하고 난해한 대목이다. 주어를 시의 화자로 보는 의견도 있으나 전후 맥락상으로 보아 설득력이 없다. 주어는 성근 별일 수밖에 없다. 필자는 은하수의 별을 가리키는 것이 아닌가 추정한다. 한밤중에 일어나 보면 큰 별의 위치가 바뀌어 있다. 『백록담』 수록 시편인 「별」에는 다음과 같은 대목이 보인다.

> 찬물에 씻기어
> 사금(砂金)을 흘리는 은하!
>
> 대웅성좌(大熊星座)가
> 기웃이 도는데!

이렇게 별의 위치가 바뀌기 때문에 "발을 옮기고"라 했고 모래성은 아무래도 금모래를 흘리는 은하와 연관된다는 것이 필자의 추정이다.(이러한 추정에 이르기 전 필자는 별똥 떨어지는 것을 말하는 것이 아닌가 하고 추정한 적이 있다.) 그다음 대목에 모호한 구석은 없다. "서리까마귀"를 놓고도 의견이 분분하여 그 연원을 이백의 「상오(霜烏)」에서 찾는 고심 어린 의견도 있다. 그러나 문자 그대로 서리 묻은 까마귀 즉 서리철의 까마귀라 생각하면 될 것이다. 우리말에 '서리병아리'란 말이 있다. 서리 내리는 철에 부화된 병아리를 말한다. 아주 많이 쓰이는 말이었다. 이 서리병아리를 서리까마귀로 창조적으로 변용한 것이다. 앞에서도 말했지만 그냥 까마귀라 하지 않고 "서리 까마귀"
라 함으로써 작품의 유장한 가락에 기여하고 그것은 자연히 긴 가을
밤이나 겨울밤을 함축하면서 가족이 불빛에 돌아앉아 얘기를 나누는
장면으로 이어진다.

　전부 5연 26행으로 되어 있는 「향수」는 "그 곳이 참하 꿈엔들 잊
힐리야"란 환정적(喚情的) 후렴의 되풀이가 특징인데 그 구도가 복잡
하면서도 정연하다. 제1연에서 고향 마을의 정경을 떠올린 후, 질화
로가 있는 방에서 짚 베개를 베고 누워 있는 아버지, 어린 시절의 놀
이, 가난한 집 지어미와 딸이 이삭 줍는 모습을 떠올린 후 긴 가을밤
가족의 단란이 정연하게 그려진다. 26행의 시편은 우리 20세기 시로
선 긴 시편인데 소품에서 멀어질수록 밀도가 낮아지면서 소루해지
는 일반적 경향에서 벗어나 있다. 이 시편은 "전설"을 빼고는 모두 토
박이말로 구성되어 있다. 시인 자신이 의도적으로 "흙에서 자란" 토
박이말만을 골라 쓴 것으로서 토착어의 배타적 조직이 그 특징이다.
1920년대 일제 한자어를 마구잡이로 빌려 쓰던 시절에 이것은 획기
적인 일이었다. 그의 모든 시가 이렇게 토착어의 배타적 조직으로 일
관한 것은 아니고 그것은 가능한 일도 아니다. 그러나 주류 사회에서
소홀히 되고 배제된 토박이말을 찾아내어 그것을 시어로서 조직하는
일을 선도했을 뿐 아니라 그 시적 유효성을 보여 주면서 결과적으로
부족 방언의 순화에 크게 기여하였다. 시가 언어로 빚어진다는 것을
모르는 사람은 없다. 그러나 우리 시가 우리말로 빚어진다는 것을 직
관적으로 통찰하고 방법적으로 자각한 시인은 많지 않았다. 소월 시
에서는 직관적 통찰이 보이지만 방법적 자각까지는 이르지 못했다.

정지용에 와서 방법적 자각과 시범적 실천이 이루어졌다고 할 수 있다. 그런 의미에서 그는 한국 현대 시의 아버지다.

시사적으로 볼 때 정지용 이전과 이후에 한국 시의 언어는 크게 변한다. 박목월, 조지훈, 박두진, 윤동주, 김춘수의 시어는 지용의 영향을 크게 받았다고 생각된다. 한편 서정주, 유치환, 백석의 경우에는 역주행의 영향을 볼 수 있다. 초기 유치환의 한자어 숭상은 거의 의도적인 역주행이라 할 수 있다. 초기 백석은 그 나름의 토착어 축구가 방언주의로 귀착되었고 그것은 낯설게하기 효과를 내었다. 서정주도 초기엔 강렬성의 추구에서 토박이말과 한자어를 활용했으나 후기로 갈수록 토착어에 경도해서 가장 푸지고 능란한 토착어 구사자로 자신을 정립하였다. 오늘날 지용 시는 상당히 평범해진 느낌이 없지 않다. 그것은 그의 시어 조직이 많은 추종자를 통해서 일반화되고 주류화됨으로써 마침내는 관례화되어 범상해진 것이라 할 수 있다. 지대한 영향력이 도리어 당사자의 시를 범상하게 만들었다는 것은 역사의 아이러니다.

6   모작설의 내막

정지용의 「향수」가 모작이라는 얘기가 정확히 언제부터 떠돈 것인지는 분명치 않다. 벌써 1980년대에도 있지 않았나 생각한다. 그러나 21세기 들어와서 인터넷 공간에서 거세게 유포 확산되었다. 그 요지는 미국 시인 트럼블 스티크니(Trumbull Stickney)의 「추억

(Mnemosyne)」을 모방해서 짜깁기했다는 것이다. 스티크니의 이 작품은 1950년대에 나온『미국의 현대 시』(루이스 보건 지음, 김용권 옮김)에 전문이 소개되어 있다. 트럼블 스티크니는 미국의 고전학자로 요절하였고 1905년에 친구들의 노력으로 그 유고가 묶여『시집』으로 간행되었다. 「추억」이 처음으로 사화집에 실려 얼마쯤 알려지게 된 것은 1929년 '모던 라이브러리'판으로 나온 콘래드 에이킨의『미국 시선집(A Comprehesive Anthology of American Poetry)』을 통해서였다. 이 작품은 미국에서 널리 교과서로 쓰인『노튼 미국문학사화집』에도 수록되어 있지 않다. 뒤늦게 2004년에 나온 해럴드 블룸의『영어 최고 시편(The Best Poems of the English Language)』에 수록되어 있다. 엘리엇을 경원하고 낭만주의 시인을 재평가한 블룸의 개인 취향의 반영이라 할 것이다. 유럽이나 미국에서 시집은 처음 고가의 하드커버로 나오다가 시장의 수요가 있으면 나중에 값싼 페이퍼백으로 나온다. 일본이 아무리 경제적으로 번영했다 하더라도 도서관에서 무명 시인의 시집을 비치했을 리 없다. 또 일정한 성가를 지닌 시인을 번역하지 무명 시인의 시를 번역하는 만용을 가진 번역가는 없다. 휘트먼이나 예이츠 같은 유명 시인이 산발적으로 1920년대에 번역되었다. 일찍이 일본에서 논의된 가령 윌리엄 블레이크만 하더라도『순수의 노래』가 번역되어 나온 것은 1932년이고『경험의 노래』가 번역된 것은 1935년의 일이다. 스티크니의 작품을 1929년 전에는 일본에서 원문으로 접하거나 번역으로 접할 기회가 전무했다고 해도 과언이 아니다. 일본이 경제적으로 번영한 것은 제1차 세계 대전이 끝난 뒤의 일이다. 「향수」가 1927년에 활자화되었고 그 제작 시기는 훨씬 이전이란 사실은 중요하다.

귓가에 선연한 시, 정련된 언어로 빚은 시

모작설의 진원이라 생각되는 글을 검토한 뒤 사실은 「추억」의 번역이 정지용 「향수」의 어휘를 다수 채용하여 흡사 정지용이 스티크니를 모방했다는 착시를 경험한 결과라는 것을 필자는 조목조목 제시하며 반박한 바가 있다.[6] 모방설의 최대 약점은 스티크니의 원문을 놓고 정지용 작품과 비교·대조한다는 제1원리를 소홀히 하고 우리말 번역만 놓고 피상적으로 파악한 유사점을 지적하고 그것을 곧 모작이라고 속단한 점이다. 「향수」에 보이는 세계는 사철 발 벗은 아내가 이삭을 줍고 질화로가 있는 방에서 짚 베개를 베고 자며 초라한 초가집이 있는 가난한 옛 마을이다. 그런데 작품에 동원된 세목과 어휘는 유례없이 풍부하고 적정하며 26행으로 이루어진 전체적 구성이 장대하여 화려한 언어의 궁전이라는 느낌을 준다. 그림이 실물보다 더 아름다울 수 있다는 비근한 사실을 도외시하고 아름다운 그림이 우리의 고향일 리 없다는 속단에서 엽기적인 모작설이 생겨난 것이다. 또 텍스트에 대한 경의가 처음부터 결여되어, 남의 말을 자세히 듣기도 전에 심술부터 부리는, 작자에 대한 은폐된 적의가 크게 한몫을 했다.

명품을 찾아내는 것도 중요하지만 명품을 잘 간수하고 지키는 것도 비평과 연구의 소임이다. 그러한 취지에서 스티크니의 원시와 필자 자신이 2010년 시도한 번역과 모작설의 전거가 된 1950년대의 번역을 나란히 적어서 독자들의 판단 자료로 삼으려 한다. 꼼꼼한 시 읽기에 좋은 훈련이 된다는 부가적 사유도 고려하였음을 부기한다. 1950년대 김용권 역에서 「향수」의 어휘라 생각되는 부분은 강조해 두었다.

Mnemosyne

It's autumn in the country I remember.

How warm a wind blew here about the ways!
And shadows on the hillside lay to slumber
During the long sun-sweetened summer-days.

It's cold abroad the country I remember.

The swallows veering skimmed the golden grain
At midday with a wing aslant and limber;
And yellow cattle browsed upon the plain.

It's empty down the country I remember.

I had a sister lovely in my sight;
Her hair was dark, her eyes were very sombre
We sang together in the woods at night

It's lonely in the country I remember.

The babble of our children fills my ears,

And on our hearth I stare the perished ember

To flames that show all starry thro' my tears.

It's dark about the country I remember.

There are the mountains where I lived. The path

Is slushed with cattle-tracks and fallen timber,

The stumps are twisted by the tempests' wrath.

But that I knew these places are my own,

I'd ask how came such wretchedness to cumber

The earth, and I to people it alone.

It rains across the country I remember.

기억

내 기억하는 땅은 이제 가을

이곳에서 바람은 따뜻하게 불었었지

산마루의 그림자는 누어서 잠들었었지

햇빛 감미로운 기나긴 여름날에

내 기억하는 땅은 이제 추워

한낮에 비스듬한 날개도 날렵하게 제비들
향을 바꾸며 황금빛 밀 보리를 스쳐 나르고
누런 소들은 들판에서 풀을 뜯었지.

내 기억하는 땅은 이제 텅 비어 있어

내 눈에 사랑스런 누이가 있었지
새까만 머리에 검정 색 두 눈
한밤 숲속에서 우린 함께 노래 불렀지.

내 기억하는 땅은 이제 쓸쓸해

내 아이들의 뜻 없는 말소리 내 귀를 채우고
난로 바닥 다 꺼진 깜부기불 골똘히 지켜보니
불꽃이 눈물 어린 내 눈에 모든 걸 별처럼 반짝이게 하네

내 기억하는 땅은 이제 캄캄해

내 살던 산들이 있고 길은
소 발자국과 쓰러진 나무로 산란하고
나무 그루터기는 폭풍우의 노여움에 비틀려 있네

이곳이 내 살던 곳임을 몰랐던들
어찌 이런 비참함이 지상을 짓누르며
어찌 나 홀로 거기 살게 되었는가, 물어보리라

내 기억하는 땅에 비가 내리네. (2010년 필자 역)

추억

지금은 가을 맞은 내 추억의 고장

길 모롱이 하냥 따사로운 바람결 스치고
태양 향그러이 긴 여름날을
산마루 감돌아 그림자 조우던 곳

지금은 치운 바깥 내 추억의 고장

한낮에 금(金)빛 보리밭 곁 박차 소소떠는
날쌘한 기울은 제비 나래여
누른 소 넓은 들에 한가로이 풀 뜯던

지금은 비인 땅, 내 추억의 고장

칡빛 머릿단에, 수심 짙은 눈망울에

내가 보아도 사랑스런 내 누이와

밤이면 손맞잡고 노래 부르던 숲 속.

지금은 쓸쓸한 내 추억의 고장

내 귓전에 어린 자식들 도란거리고

난로(煖爐) 속에 여신(餘燼)을 내 눈여겨 보매

눈물 방울 스며 스며 불꽃마다 별인양 반짝이다

지금은 어두운 내 추억의 고장

그 옛날 내 자라던 산마루들 솟고

쓰러진 교목(喬木), 달구지 자죽 진창된 길에

폭풍우(暴風雨) 처참(悽慘)에 틀어굽은 그루터기들 모습

이곳 고장인줄 내 몰랐던들 내 푸념다히 물어리라

어찌 이토록 처참에 새(塞)한 대지(大地)뇨

어찌 내 홀로 이곳에 와 살았느뇨

지금은 비 뿌리는 내 추억의 고장 (1956년 김용권 역)

귓가에 선연한 시, 정련된 언어로 빚은 시

7 새로움과 시의 위의(威儀)

『정지용 시집』에는 바다를 노래한 시편이 많다. 그가 모더니스트
란 칭호를 얻게 된 데에는 「카페 프란스」, 「귀로」, 「슬픈 인상화」, 「아
츰」 같은 도회 시편, 「비로봉」, 「절정」 같은 선명한 그림 시편과 함께
바다 시편이 많다는 것과 연관된다. 「해협」, 「다시 해협」, 「갑판 위」를
위시하여 「바다」란 표제가 달린 시편만도 일곱 편이나 된다. 바다는
우리의 전통 시가에 등장하는 법이 거의 없다. 그것은 농경 사회라는
우리의 전통적 삶과 관련되기도 하지만 중국 시에 바다 시편이 드물
었다는 것과도 무관하지 않을 것이다. 20세기에 들어와 바다가 시에
도입되고 그것은 새로운 것이고 정지용은 바다를 노래한 최초의 시
인의 한 사람이 된다.

> 흰물결이 치여들때 푸른 물굽이가 나려 앉을 때,
>
> 갈메기야, 갈메기야, 아는 듯 모르는 듯 늬는 생겨났지,
>
> 내사 검은 밤비가 섬돌우에 울 때 호롱불앞에 났다더라.
>
> 내사 어머니도 있다, 아버지도 있다, 그이들은 머리가 히시다.
>
> 나는 허리가 가는 청년이라, 내홀로 사모한이도 있다, 대추나무 꽃 피는
> 동네다 두고 왔단다.
>
> 갈메기야, 갈메기야, 늬는 목으로 물결을 감는다, 발톱으로 민다.
>
> 물속을 든다, 솟는다, 떠돈다, 모로 날은다.
>
> 늬는 쌀을 아니 먹어도 사나? 내손이사 짓부푸러졌다.
>
> ──「갈메기」 부분

위에서 읽어 본 「향수」가 주제에 걸맞게 느긋한 유장조임에 반해서 바다 시편인 「갈메기」는 가쁜 호흡에 템포가 빠르다. 갈매기의 동작이 빠르고 그것을 지켜보는 눈과 의식이 똑같이 빠르게 움직이기 때문이다. "나는 허리가 가는 청년이라, 내홀로 사모한 이도 있다" 다음에 나오는 것은 사람이 아니라 "대추나무 꽃 피는 동네다 두고 왔단다"이다. 구문상으로 신선하다. '대추꽃'이 아니라 '대추나무 꽃'이라 한 것도 신선하다. "대추꽃이 한 주 서 있을 뿐이었다"는 미당 「자화상」의 대목을 떠올리게 한다. 통상적 어법이나 구문에서 일탈함으로써 조그만 대로 신선한 충격을 마련해 내고 있다는 점에서 공통된다. "늬는 목으로 물결을 감는다, 발톱으로 민다./ 물속을 든다, 솟는다, 떠돈다, 모로 날은다."는 갈매기의 동작을 숨 가쁘게 보여 준다. 빠름은 어느 면에서 근대 도시에서의 근대인의 삶이나 의식을 반영한다. 인상파 화가 드가가 그림 속에 속도를 도입하였듯이 역동적인 빠름의 '속도'를 시 속에 도입한 것도 모더니스트 정지용이 보여 준 새로움의 하나일 것이다. 그러한 속도는 흔히 인용되는 「바다2」 같은 작품에도 역력하다. 이 작품에 보이는 "내사 어머니도 있다", "내손이사" 같은 '사'란 조사가 박목월의 "내사 애달픈 꿈꾸는 사람/ 내사 어리석은 꿈꾸는 사람" 이후 한동안 널리 퍼진 조사인데 그 연원은 정지용 시다. 그만큼 우리의 토착적인 언어 자원 발굴과 활용에 힘을 쓴 것이고 후배 시인들의 본보기가 되어 주었다.

　　최상의 지용 시편은 극도로 절제되고 언어경제상으로 간결한 2행 1연의 시로 드러나는 경우가 많다. 「춘설」, 「구성동」, 「인동차」, 「불사조」, 「해협」, 「압천(鴨川)」, 「석류」를 들 수 있다. 채동선이 1930년대에 불후의 명곡으로 옮겨 놓은 「고향」도 그중의 하나이다.

오늘도 메 끝에 홀로 오르니
흰점 꽃이 인정스레 웃고,

어린 시절에 불던 풀피리 소리 아니 나고
메마른 입술에 쓰디 쓰다.

그러나 2행 1연의 연장선상에 있으면서 변주를 보여 준 작품도
많다. 『정지용 시집』의 4부를 이루는 신앙 시편이 대체로 이 계열에
속한다. 다음은 2행 1연의 표준형에서 가장 많이 벗어난 경우다.

온 고을이 받들만한
장미 한가지가 솟아난다 하기로
그래도 나는 고하 아니하련다.

나는 나의 나히와 별과 바람에도 피로(疲勞)웁다.

이제 태양을 금시 잃어 버린다 하기로
그래도 그리 놀라울리 없다.

실상 나는 또하나 다른 태양으로 살았다.

사랑을 위하얀 입맛도 잃는다.

외로운 사슴처럼 벙어리 되어 산길에 슬지라도 ──

오오, 나의 행복은 나의 성모(聖母) 마리아!

──「또 다른 태양」전문

마지막 행의 "성모 마리아"만 아니라면 지순한 연애시로 읽을 수 있을 것이다. 남녀 사이의 사랑이 지상적 삶의 최고 가치라는 낭만적 사랑관이 11세기 프로방스 지방의 궁정적 사랑에 기원을 두고 있다는 것은 널리 알려져 있다. 궁정적 사랑이란 요컨대 찬미 대상을 종교적 예배 대상인 성모 마리아로부터 세속 대상으로 옮긴 결과이다. 따라서 낭만적 사랑은 기독교 전통에 뿌리박고 있다.[7] 독신 수도사들이 고립된 수도원에서 마리아상을 예배할 때 거기 잠재적 에로스 충동이 작동하리라는 것은 추측할 수 있다. 위의 시는 그러한 속사정을 뒷받침하고 있는 것으로 생각될 수 있다. 에로스 충동의 승화라는 측면에서 보더라도 위의 시는 소월 시보다 한결 기품 있는 격조를 갖추고 있다. 절제되어 있으면서도 강렬하다. 한편 위에서 "나는 나의 나히와 별과 바람에도 피로(疲勞)웁다"는 대목은 윤동주의 "잎새에 이는 바람에도 나는 괴로워했다"를 연상케 한다. '하늘과 바람과 별'은 정지용 신앙 시편에 나오는 반복적 모티프이자 어휘이다. 초기의 동요나 습작을 참조하지 않더라도 윤동주에 끼친 정지용의 영향은 전폭적이고 가시적이다. 그렇다고 윤동주 시의 무구한 시적 개성이 손상되는

것은 아니다. 시 제작에는 사실상 공동 제작이란 국면이 따르게 마련
이다.

8 이산의 모티프

> 말아,
>
> 누가 났나? 늬를. 늬는 몰라.
>
> 말아,
>
> 누가 났나? 나를. 내도 몰라.
>
> 늬는 시골 듬에서
>
> 사람스런 숨소리를 숨기고 살고
>
> 내사 대처 한복판에서
>
> 말스런 숨소리를 숨기고 다 잘앗다.
>
> 시골로나 대처로나 가나 오나
>
> 량친 몬보아 스럽더라.
>
> ——「말2」 부분

첫새끼를 낳노라고 암소가 몹시 혼이 났다. 얼결에 산길 백리(百里)를
돌아 서귀포(西歸浦)로 달어났다. 물도 마르기 전에 어미를 여힌 송아지는
움매- 움매- 울었다. 말을 보고도 등산객(登山客)을 보고도 마고 매어달
렸다. 우리 새끼들도 모색(毛色)이 다른 어미한테 맡길 것을 나는 울었다.

——「백록담(白鹿潭)」 부분

"이 말은 누가 난 줄도 모르고/ 밤이면 먼 데 달을 보며 잔다"는 가족 이산(離散)의 모티프가 다시 보인다. 감정 이입적인 연민감을 보여 주는데 작게는 정 크게는 자비심이라 할 수 있다. 신앙 시편을 별도로 치고 정지용의 시에 보이는 이러한 모티프는 목숨 있는 모든 것에 대한 연민 또는 자비의 정신이다. 가령 기독교의 사랑이 대체로 인간에 대한 사랑으로 한정되어 있음에 반해서 정지용 시에 보이는 자비는 마소나 갈매기까지 포함하는 폭을 가지고 있다. 그런 맥락에서는 불교적이라 할 수도 있다. 그것이 어디서 나온 것일까?

삼동내 ─ 얼었다 나온 나를
종달새 지리 지리 지리리…

웨저리 놀려 대누.

어머니 없이 자란 나를
종달새 지리 지리 지리리…

웨저리 놀려 대누.

해바른 봄날 한종일 두고
모래톱에서 나홀로 놀자.

─「종달새」 전문

귓가에 선연한 시, 정련된 언어로 빚은 시

동시 흐름의 이 작품의 화자는 어머니 없이 자랐다. 그러나 위에서 읽은 가령 「갈메기」 시편 등에서는 분명히 어머니가 있다. 동시의 화자는 가공적인 인물이며 작품이 일종의 극적 독백이라 생각하면 될 것이다. 작가보다 작품을 믿으라는 말을 수용하는 입장이어서 작가에 대한 전기적 천착에 나서는 일은 하지 않는다. 그러나 이제는 고인이 된 시인의 장남으로부터 시인의 생모가 소박맞아 친정에 가 있다가 훨씬 뒷날 복귀했다는 말을 듣고 지용 시에 나오는 이산의 모티프가 개인사적 트라우마에서 나온 것임을 알게 되었다. 그러니까 동시에 나오듯이 시인이 "어머니 없이 자란" 것도 사실이고 「갈메기」에 나오듯이 "내사 어머니도 있다"는 것도 사실인 셈이다.

정지용의 후기 작품이 보여 주고 있는 것은 사회를 향해서 닫혀 있고 자연을 향해서 열려 있는 은자적(隱者的) 지각이 성취한 고요와 무심의 경지이며 그것은 동양 전통에서 낯선 것이 아니다. 그의 작품 중에는 경박한 감각과 말놀이라고 여겨지는 것들도 적지 않다. 그러나 시인은 최상의 작품으로 평가되어야지 빈약한 작품 위주로 냉소적 평가를 받아서는 안 된다. 그의 시력 20년은 우리말을 찾아서 닦고 조직하는 일에 바쳐졌고 그것을 기반으로 어떤 성찰이나 지혜를 펼칠 기회는 그에게 주어지지 않았다. 후배인 미당은 중년 이후 신라를 통한 "전통 창제"에 전념하여 시인으로서의 자기 부과적 과업을 높이 성취하였다. 또 김춘수는 "무의미의 시"를 기획하여 노년 이후에도 지속적으로 제작에 임할 시적 공간 혹은 평생직장을 마련하였다. 나이 마흔에 사실상 절필한 정지용에게는 그러한 문학적 행운이 허여되지 않았다. 그러나 서정시 쓰기가 힘든 시대에 '언어 미술이 존속하는 이상 그 민족은 열렬하리라'는 신념과 '우리 시는 우리말로 빚어진다'는 평범하나 홀대된 방법적 자각을 작품 제작으로 실천한 그의 공로는 응분의 평가를 받아야 한다고 생각한다. 20세기 최초의 직업시인이라 할 수 있는 그의 시적 성취가 후속 시인들에게 가장 많은 영향력을 발휘했다는 문학사적 사실도 간과되어서는 안 될 것이다.[8]

유종호 서울대학교 영문학과를 졸업하고 뉴욕 주립대 대학원에서 수학했다. 공주사범대학교, 이화여자대학교를 거쳐 2006년 연세대학교 특임교수직에서 퇴임함으로써 교직 생활을 마감했다. 저서로 『유종호 전집』(전 5권) 외에 『시란 무엇인가』, 『서정적 진실을 찾아서』, 『한국근대시사』, 『나의 해방 전후』, 『과거라는 이름의 외국』 등이 있고 역서로 『파리대왕』, 『제인 에어』, 『그물을 헤치고』, 『미메시스』(공역) 등이 있다. 현재 대한민국예술원 회원이며, 현대문학상, 대산문학상, 인촌상, 대한민국예술원상, 만해학술대상 등을 수상했다.

주

47 시대에 대한 통찰과 내면세계의 확장

1   김현,『프랑스 비평사』(서울: 문학과지성사, 1981), 246쪽.

2   염상섭,「나의 소설과 문학관」, 김윤식 엮음,『염상섭』(서울: 문학과지성사, 1977), 193쪽.

3   염상섭,「문학 소년 시대의 회상」, 위의 책, 199쪽.

4   위의 글, 199쪽.

5   염상섭,「생활의 성찰」,《동아일보》(1920. 4. 6).

6   염상섭,『만세전』(서울: 문학과지성사, 2005), 27쪽.

7   위의 책, 48쪽.

8   위의 책, 89~90쪽.

9   위의 책, 125쪽.

10   위의 책, 126쪽.

11   위의 책, 127쪽.

12   유종호,「염상섭에 있어서의 삶」, 권영민 엮음,『염상섭 문학 연구』(서울: 민음사, 1987), 336~337쪽.

13   염상섭,「민족·사회운동의 유심적 고찰」,《조선일보》(1927. 1. 1~15).

14   염상섭,『삼대』(서울: 문학과지성사, 2004), 403쪽.

15   위의 책, 295~296쪽.

16   위의 책, 50쪽.

17   위의 책, 49쪽.

18   위의 책, 41쪽.

19   위의 책, 423쪽.

20   김우창,「비범한 삶과 나날의 삶」, 권영민 엮음, 앞의 책, 350~351쪽.

21   염상섭,『만세전』, 13쪽.

22   염상섭,『삼대』, 667쪽.

23   염상섭,『삼대·하』(서울: 창작과비평사, 1993), 322쪽. 이 글에서는 문학과지성사판『삼

대』를 주 텍스트로 사용했지만 이 부분에서는 논의의 필요상 창작과비평사판 『삼대』
를 인용했다. 그것은 창작과비평사판의 결말 부분이 1930년대의 원형에 더 가깝기 때문
이다.

24   염상섭, 『삼대』, 680쪽.

48 떠돌이의 귀향

1   서정주, 『미당 시 전집 1』(민음사, 1994). 이 글에서 시 인용은 전 3권으로 출간된 민음
사 시 전집에 의존한다.

2   김학동, 『서정주 평전』(새문사, 2011), 45쪽. 서정주, 『미당 자서전 1』(민음사, 1994),
369쪽의 말을 인용한 설명.

3   서정주, 위의 책, 337쪽.

4   『미당 자서전 1』의 첫 부분에 이야기되어 있는 질마재의 일화들을 참조.

5   서정주, 『미당 자서전 2』(민음사, 1994), 59쪽. 연도에 대한 언급은 45쪽.

6   위의 책, 53쪽.

7   위의 책, 67쪽.

8   위의 책, 97쪽.

9   위의 책, 91쪽.

10   위의 책, 93쪽.

11   위의 책, 96쪽.

12   서정주, 『미당 자서전 1』, 53쪽.

13   서정주, 『미당 자서전 2』, 68~70쪽.

49 단편 소설의 현재성

1   김동인, 「나믄말」, 《창조》 창간호(1919. 2), 81쪽.

2   유종호, 「현실주의의 승리」, 『유종호 전집 5: 문학의 즐거움』(민음사, 1995), 159~160쪽.

3   이태준, 『이태준 전집 2: 돌다리』(깊은샘, 1988), 145쪽.

50 귓가에 선연한 시, 정련된 언어로 빚은 시

1   Ramin Jahanbegloo, *Conversations with Isaiah Berlin*(London: Halban Publishers, 2011),
    Kindle edition, location 2285.

2   김학동, 『정지용 연구』(민음사, 1987), 163~164쪽.

3   김학동 엮음, 『김소월』(서강대학교출판부, 1995), 182쪽.

4   Friedrich Nietzsche, *The Gay Science*, trans. by Walter kaufmann(New York: Vintage,
    1974), pp. 138~139. "사람들이 운문을 산문보다 더 잘 기억한다는 것을 알아차리고 나
    서 인간의 간구 사항을 신들에게 깊이 명심시키기 위해서 리듬으로 호소하게 되었다.—
    운율적인 기도가 신들의 귀에 더 가까이 간다고 믿었기 때문이다. 그러나 무엇보다도 사
    람들은 음악을 들을 때 경험하는 압도적으로 강렬한 인상에서 득을 보기를 바랐다. 리듬
    은 하나의 강요다."

5   김우창, 『궁핍한 시대의 시인』(민음사, 1977), 47쪽.

6   유종호, 『과거라는 이름의 외국』(현대문학, 2011), 195~229쪽 참조.

7   Ian Watt, *The Rise of the Novel*(Harmondsworth: Penguin Books, 1963), p. 141.

8   두 가지 사항을 부기한다.

(1) 김소월과 정지용에 관해서 각각 몇 편씩의 독립된 에세이를 발표한 바 있다. 시인들
을 보는 관점이 크게 변한 것이 아니기 때문에 이왕에 한 소리가 되풀이되는 것은 어쩔
수 없었다. 다만 무엇인가 새 얘기를 해야 한다는 점에서 전기적 사실을 언급하였다. 양
해해 주시기 바란다.

(2) 시의 인용에서 시집 원본대로 하는 것이 원칙이나 1925년본 『진달래꽃』은 맞춤법
통일안이 나오기 전인 데다가 활자화할 수 없는 것도 있어 민음사판 세계시인총서의
『진달래꽃』 표기를 따랐다. 한편 『정지용 시집』, 『백록담』은 저자 생존 시에 나온 원본을
따랐다.

고전 강연 전체 목록

1권 개론

01   동양의 고전: 동양 고전 이해를 위한 방법론적 서언
      이승환(고려대학교 철학과 교수)

02   서양의 고전: 한 시험적 조망
      유종호(전 연세대학교 석좌교수)

03   한국의 고전: 그 역사적 특성과 새로운 생성
      심경호(고려대학교 한문학과 교수)

04   근대 한국의 고전: 20세기 전반기 문학의 비평적 재검토
      이남호(고려대학교 국어교육과 교수)

05   이슬람 문명의 모험: 몽골의 충격과 그 이후
      김호동(서울대학교 동양사학과 교수)

06   오늘의 사상의 흐름: 현대 철학사를 보는 몇 가지 관점
      김상환(서울대학교 철학과 교수)

07   문화 연구와 문학 연구: 일상적 삶의 상징 생산과 유물론적 미학
      여건종(숙명여자대학교 영어영문학부 교수)

2권 고전 시대

08   삶과 나라 설계: 플라톤의『국가』와『법률』읽기
      박종현(성균관대학교 명예교수)

09   행복의 윤리학: 아리스토텔레스의『니코마코스 윤리학』읽기
      조대호(연세대학교 철학과 교수)

10   희랍 비극의 걸작: 소포클레스의 『오이디푸스 왕』과 『안티고네』 읽기

    강대진(홍익대학교 사범대학 겸임교수)

11   인간다운 삶, 더불어 사는 사회: 공자의 『논어』 읽기

    배병삼(영산대학교 자유전공학부 교수)

12   생명, 평화, 자유의 길: 노자의 『도덕경』과 장자의 『장자』 읽기

    오강남(캐나다 리자이나 대학 명예교수)

13   도덕의 정치학: 맹자의 『맹자』 읽기

    장현근(용인대학교 중국학과 교수)

14   법치와 공(公)의 확립, 한비자의 정치사상: 한비자의 『한비자』 읽기

    이승환(고려대학교 철학과 교수)

15   우주적 사건으로서의 일상적 삶: 『화엄경』 읽기

    이효걸(안동대학교 한국문화산업전문대학원장)

16   주축 시대와 인간 존재의 형성

    : 야스퍼스의 『역사의 근원과 목적에 대하여』 읽기

    김우창(고려대학교 명예교수)

3권 전근대

17   그 사랑: 셰익스피어의 『로미오와 줄리엣』 읽기

    임철규(연세대학교 명예교수)

18   『파우스트』와 현대성의 기획: 괴테의 『파우스트』 읽기

    김수용(연세대학교 명예교수)

19   인격 도야를 위한 사다리: 주자의 『근사록』 읽기

    이승환(고려대학교 철학과 교수)

20   도를 알고 실천함에 의한 성인됨의 학문을 체계화하다: 이황의 『성학십도』 읽기

    이광호(연세대학교 명예교수)

21 유학자 정약용의 예치 시스템과 인륜 개념: 정약용의 『목민심서』 읽기
    백민정(가톨릭대학교 철학과 교수)

4권 근대정신과 비판

22 지식학에서 철학으로: 칸트의 『순수이성비판』 읽기
    백종현(서울대학교 명예교수)

23 『정신현상학』의 구조와 전개: 헤겔의 『정신현상학』 읽기
    강순전(명지대학교 철학과 교수)

24 라캉의 시선으로 본 프로이트
    : 프로이트의 『꿈의 해석』과 『쾌락 원칙을 넘어서』 읽기
    박찬부(경북대학교 명예교수)

25 존재의 의미에 대한 근본적 물음: 하이데거의 『존재와 시간』과 『숲길』 읽기
    박찬국(서울대학교 철학과 교수)

26 『감시와 처벌』과 현대 사회의 권력: 푸코의 『감시와 처벌』 읽기
    오생근(서울대학교 명예교수)

27 포괄적 합리성과 사회 비판: 하버마스의 『의사소통행위이론』 읽기
    장춘익(한림대학교 철학과 교수)

28 해체론적 윤리학을 위하여: 데리다의 『그라마톨로지』와 『법의 힘』 읽기
    김상환(서울대학교 철학과 교수)

29 동서양의 경계를 넘어
    : 에드워드 사이드의 『오리엔탈리즘』과 『문화와 제국주의』 읽기
    김성곤(서울대학교 명예교수)

5권 근대 사상과 과학

30 참주와 다수의 협주곡: 마키아벨리의 『군주론』 읽기
    곽준혁(중국 중산대학교 철학과 교수)

31 애덤 스미스의 도덕철학 체계: 애덤 스미스의 『도덕감정론』과 『국부론』 읽기
    박세일(서울대학교 명예교수)

32 마르크스 경제 이론의 이해
    : 마르크스의 『경제학 철학 초고』, 『경제학 비판 요강』, 『자본』 읽기
    강신준(동아대학교 경제학과 교수)

33 현대 자본주의와 민주주의를 이해하는 단초
    : 베버의 『프로테스탄티즘의 윤리와 자본주의 정신』과 『소명으로서의 정치』 읽기
    최장집(고려대학교 명예교수)

34 『종의 기원』의 지성사적 의의: 다윈의 『종의 기원』 읽기
    장대익(서울대학교 자유전공학부 교수)

35 패러다임과 과학의 발전: 토머스 쿤의 『과학혁명의 구조』 읽기
    홍성욱(서울대학교 생명과학부 교수)

36 우주의 역사와 본질: 스티븐 호킹의 『시간의 역사』 읽기
    오세정(서울대학교 명예교수)

6권 근대·현대 소설 (l)

37 나쓰메 소세키와 일본의 근대: 나쓰메 소세키의 『마음』 읽기
    윤상인(서울대학교 아시아언어문명학부 교수)

38 아Q가 보여 주는 역사의 딜레마: 루쉰의 『아Q정전』 읽기
    전형준(서울대학교 중어중문학과 교수)

39 리얼리즘 소설의 대표작: 발자크의 『고리오 영감』 읽기
    이동렬(서울대학교 명예교수)

40 『마담 보바리』를 읽는 일곱 가지 방식: 플로베르의 『마담 보바리』 읽기
    김화영(고려대학교 명예교수)

41 현실의 지평을 넓히다: 가르시아 마르케스의 『백년의 고독』 읽기
송병선(울산대학교 스페인중남미학과 교수)

7권 근대·현대 소설(2)

42 자기 충실의 삶, 헤세를 읽는 한 가지 방식
: 헤세의 『수레바퀴 아래서』와 『데미안』 읽기
문광훈(충북대학교 독어독문학과 교수)

43 자유에 관한 성찰: 도스토옙스키의 『죄와 벌』 읽기
석영중(고려대학교 노어노문학과 교수)

44 극예술의 모든 법칙에 반해서: 체호프의 『갈매기』 읽기
박현섭(서울대학교 노어노문학과 교수)

45 소설만이 전할 수 있는 진실: 쿤데라의 『농담』 읽기
유종호(전 연세대학교 석좌교수)

46 삶의 완전성의 추구: 타고르의 『안과 밖』 읽기
로이 알록 꾸마르(부산외국어대학교 인도학부 교수)

8권 한국 현대 문화

47 시대에 대한 통찰과 내면세계의 확장: 염상섭의 「만세전」과 『삼대』 읽기
홍정선(인하대학교 한국어문학과 교수)

48 떠돌이의 귀향: 미당 서정주의 시 읽기
김우창(고려대학교 명예교수)

49 단편 소설의 현재성: 김동인, 김유정, 김동리, 이태준의 단편 소설 읽기
이남호(고려대학교 국어교육과 교수)

50 귓가에 선연한 시, 정련된 언어로 빚은 시: 김소월과 정지용의 시 읽기
유종호(전 연세대학교 석좌교수)

고전 강연

8 한국 현대 문화

1판 1쇄 찍음 2018년 3월 16일
1판 1쇄 펴냄 2018년 3월 23일

지은이 홍정선, 김우창, 이남호, 유종호
발행인 박근섭·박상준
펴낸곳 (주)민음사

출판등록 1966. 5. 19. 제16-490호
주소   (135-887) 서울시 강남구 도산대로 1길 62(신사동)
          강남출판문화센터 5층
대표전화 515-2000 | 팩시밀리 515-2007
홈페이지 www.minumsa.com

ⓒ 홍정선, 김우창, 이남호, 유종호, 2018. Printed in Seoul, Korea

ISBN   978-89-374-3664-2 (04100)
       978-89-374-3656-7 (세트)

NAVER
문화재단   이 책은 네이버 문화재단의 후원으로 만들어졌습니다.